心機有多深

成就就有多高

做人不設防，小心被暗箭所傷；
再善良也要學會心計，否則早晚吃虧上當。

不懂得玩些心計，永遠都只會是社會中的輸家！

愛因斯坦的成功公式
成功＝辛苦＋正確的方法＋少說話

羅勃特·白朗寧 (Robert Browning)：一個人成功與否，
並不在於如何循規蹈矩，而在於是否能在關鍵時刻用些心機。

松下幸之助，如何成為人們口中的經營之神？
IBM公司，如何使用反間計，成功反咬日立公司？

崧燁文化

歸海逸舟，俞姿婷 著

目錄

目錄 ━━━━━━━━━━━━━━━━

第三章　有好的情緒，給別人帶來樂趣

第四章　好的人際，終生的財富

第五章　坦然面對，力求改變

目錄 —————————

第六章　事事用心，積極行動

第七章　保持熱情，輻射你的能量

第八章　持之以恆，成功尾隨而來

目錄

前言

　　社會大潮，人來人往，我們要和不同的人接觸。然而千人千面，人心叵測，在面對林林總總的人物時，我們不可以把自己一覽無餘的展現在他們面前。我們必須要有心機，保留心中固有的部分，明白如何與人接觸、如何從與各種類型的人接觸中獲得事業的成功。

　　很多人都難以做到有心機、會辦事。沒有心機的人往往會操勞一輩子卻一無所獲；有心機的人卻可以事半功倍。事情往往就這麼矛盾，付出不一定與收穫成正比，沒有心機的人頭腦簡單、四肢發達，往往會被壞人所利用；有心機的人，無論是在處世、交友中，都能泰然處之、遊刃有餘。

　　現實要求我們，在這個變幻莫測的社會裡生存就必須既有心機又會辦事。不能過於單純，太單純的人往往是別人手中的棋子，也不能不會辦事，只有有心機又會辦事才能在社會的任何一個角落無憂無慮、自在的活下去。

　　當然，我們有心機會辦事並不一定就能安然的活下去，但比起那些成事不足、敗事有餘，寄人籬下的人來說，我們的一生比他們有意義多了。

　　我們來到這個世上就要活得有意義。有的人一生殫精竭慮、心力交瘁；有的人一生山珍海味、快樂無比。我們不能否認，有些人一出生就擁有得天獨厚的條件，而我們卻要一步步去努力、一步步去爭取，多他們十年、幾十年的努力，然而，我們除了用心的去做事，還要有一點度量、一點心機。沒有人可以隨隨便便成功，成功除了持之以恆的努力之外，沒有心機往往是萬萬不行的。

　　一味的埋頭苦幹，往往會徒勞無功，愛因斯坦也曾表示，除了勤奮之外，成功要有正確的方法，而這個正確的方法就要求我們有心機。

　　有心機，我們不會盲目的辦事，會把各種錯綜複雜的事情理清頭緒，會

把別人認為不可能辦成的事情處理得水到渠成、瓜熟蒂落。我們比別人更有心機，就會比別人更早一日成功。

這裡的心機指的是要我們多多注意在生活中、學習中、工作中，我們都會接觸到各種剪不斷，理還亂的事情。埋頭苦幹，只會讓事情更糟，只有我們理清頭緒，想出解決問題的辦法，才能把各種複雜的事情做簡單，讓難以解開的糾結迎刃而解，簡單來說，有心機是為了更好的辦事。

可是光有心機，卻不用到正確的途徑上，就會像《紅樓夢》裡的王熙鳳一樣，聰明反被聰明誤，結果害到了自己，只有把心機用在正確的辦事途徑上，才能使事情做得又好又贏得別人的尊重。

提醒一下，「有心機、會辦事」攸關生活的每一個面向，你的生存、你的態度、你的人緣、你的熱情都可能會面臨「有心機、會辦事」的挑戰。成為一個有心機、會辦事的人，你將成為一個明智的人，否則運用不當，你就有可能淪落為別人的笑柄。

第一章　心機是一種生存策略

　　人要生存，就必須要有心機，要在日益競爭激烈的今天為自己留有可以轉圜的餘地。有心機的人，可以淡然處世，活得瀟灑、自在；缺少心機的人，往往會寸步難行，使自己陷入困苦的境界。

取自己夠用的

從前有個很窮的人，他家經常是有一餐沒一餐，他向上帝祈求說：「上帝啊！我真的好想成為一個有錢人啊，如果您能夠讓我發財致富，我一定不會成為一個吝嗇的人！」

一天，正當他又要開始禱告的時候，一個老人走向他。老人對他說：「我看你天天跟上帝禱告想成為一個有錢人，那麼不如就讓我來幫助你吧！」

接著，老人拿給窮人一個黑色的袋子說道：「我在這個袋子中放了一枚金幣，只要你每次伸手進去拿一次，袋子裡便會再多一枚金幣。可是，你千萬要記住一件事情，當你覺得自己已經擁有足夠多的金幣時，就要把袋子燒毀，之後才可以開始使用你已經獲得的金幣。」

窮人起初不相信，於是，試探性的將手伸進袋子裡，他真的摸到了兩枚金幣，然後他又試了一次，金幣又多了一的，窮人不敢相信，他開心的向老人道謝，但是老人一再提醒他，一定要先燒毀袋子才能用金幣，之後老人轉身離去。

那天晚上，窮人興奮的將手一直伸進袋子裡。心想，自己一定要讓金幣從袋子中溢出來。不過不知道究竟是怎麼回事，就算金幣已經有一大堆了，袋子中的金幣卻一個也沒有掉出來。

有一天，窮人想起自己已經很久沒吃東西了，想上街去買一點東西吃，但是，他一想到老人告訴他在使用金幣之前，必須先燒毀袋子時，又覺得捨不得，最後他還是放棄了出門買食物吃的念頭。隨著時間的流逝，窮人已經將袋子內裝滿了無數金幣。但是，每當他想使用金幣時，就會因為捨不得燒毀能夠生出金幣的袋子而作罷。慢慢的，因為長久不吃不喝，窮人最後抱著袋子死去了！

不讓無窮的欲念攫取己心，「夠用就好」是不錯的生活態度。

有一個人，他在河邊釣了很多魚，但每釣上一條魚就拿尺量一量，只要比尺大的魚，他都丟回河裡。其他的人好奇的問他：「別人都希望釣到大魚，你為什麼將大魚都丟回河裡呢？」

這人不慌不忙的說：「因為我家的鍋只有尺這麼寬，太大的魚裝不下。」

當人們在吃 Buffet 時，有些人會毫無忌憚的吞食，這真是一個可怕的現象。取自己夠用的，不必貪求，這也是一個修煉的重要的方法。

我們的生活是必須依賴金錢的支援，所以金錢的不足有時也是導致人犯罪的根源，但同樣的，豐厚的財富有時也會使人感到煩惱。因此，不管大家擁有多少財富，只要能保持正確、健康的心態，就一定能夠過上好日子。

還有，足夠的金錢雖然能夠改善生活，不過如果將生活的注意力全部集中到金錢上，它將會對我們產生極大的消極影響，甚至會使我們成為金錢的奴隸，從而失去對人生的自主性。因此，當大家都在追求富裕的生活時，千萬不要被金錢牽著鼻子走，相反的，應該理智了解自己的需求，成為掌握金錢的主人。

其實，身體的需求並不多，太充足的物質反而會成為負擔。正所謂「量體裁衣」，合體就已足夠，再多的，不是就浪費嗎？

遇事要三思而後行

發明家愛迪生曾說過：「有很多我自己認為對的事情，通過一番實踐，才知漏洞百出。由此，所有事情，不管大小，我都不能過早下定論，而是要經過一番思考與實踐才可以確定。」

可在現實生活裡，常常會發現有些人在決定一件事情時，總是十分草率，當出現嚴重後果後，又會後悔莫及，還給人留下一種魯莽毛躁的印象。

假如他能在遇事時多做考慮，細細權衡，雖然並不能保證他一定會成功，但成功的機會卻很大，就不會於給人留下不穩重、不可靠的印象。

所有人的未來都無法預知。因此，很多事情的成功與否取決於你在完成這件事的過程裡，你是謹慎小心，還是十分毛躁。

有些人失敗，是敗在做事之前缺乏思考，他們對事情的考慮不夠全面，只為了做得快，成事快，結果敗事也快；而那些頭腦清醒的人在經過周密考慮以後，才採取行動，從頭到尾都非常的小心，因此，他們能取得成功也不是大驚小怪的事。

一位報社的記者，受上司之命去採訪一個事件。原本這次採訪工作十分困難，當上司問他有沒有問題的時候，這位記者卻不假思索拍著胸脯回答說：「沒問題，您就放心交給我。」

可是，過了三天，還是沒有什麼動靜。上司追問他進展如何，他才老實的說：「不是您想像的那麼簡單！」當著他的面，上司固然沒說什麼，可對他的印象早已大打折扣了，認定他是一個做事草率的人，並開始對他有了偏見。因為他工作的延誤，導致整個部門的工作都不能正常完成，之後，只要有非常重要的工作，上司也就不敢委任於他了。

這就是典型的在做事以前，欠缺考慮、魯莽行事的下場。假設當初在上司交給他工作的時候，仔細思考分析一下難易度，並且明確的向上司提出較好的採訪方案，即便晚了幾天，上司也能夠理解。然而他沒有那麼做，只是為了討好上司，輕率的沒做任何考慮就答應下來，最後落得工作沒做好又被冷落的後果。

當你遇到困難或是問題，難以一時決定的時候，就不能盲目行動，而是應仔細的思考與慎重研究，等你對這個問題分析透澈，也充分的掌握方法時，再做決定也為時不晚，因為這時你已經無所顧忌，也能夠專心的解決問題了。

做一件事，成功或者失敗，取決於你對這件事的實際情況的了解程度。切記不能在對事情完全摸不著頭緒時，便急躁不安，草率行事。在很多時候，遇事多加思考，大則能夠避免出現一些意想不到的差錯，小則能夠避免很多根本就不會出現的麻煩。

在想事的時候，積極的人遇事想辦法；消極的人遇事先抱怨、先發洩情緒。

消極的人在遇事時，會不顧他人的考慮，先發洩自己的情緒，以至於有時在遇事時，就出現茫然不知所措的情況，或是只解決眼前問題不顧將來，為將來埋下更大的隱患；可是積極的人，遇事能對事情先做全面的考慮，把問題的始末都先了解清楚。將有可能造成問題的所有細節都先了解清楚，才提出解決方案、做出行動。

有位家庭主婦，她的朋友介紹她到某個銀行去存錢，這位主婦就問她的朋友說：「這家銀行的信用怎樣我不了解，讓我先考慮一下好嗎？」

利用考慮的這段時間，這位主婦搜尋了關於這家銀行的資訊，並在一個聚會上碰到了這個銀行的董事長。主婦看出這個董事長精神不振，不是一副事業得意的模樣，從這個小細節裡，主婦就知道了這個銀行不景氣，把錢存進了另外一家銀行，事後沒多久，朋友介紹的那家銀行就倒閉了。假設這位主婦遇事不思考，輕率的聽取朋友的話，把錢存進那家快要破產的銀行，其後果就可想而知。

遇事多留一個心眼，多考慮一段時間，尤其是當你碰到自己拿不定主意的時候，要先問問自己：「該考慮的問題是不是已經都想到了呢？是不是還有哪些遺漏的沒有想到呢？這件事是否可以完成……」在對待問題的時候，要做出理智的選擇。只有如此，你才可以事事順利，才會成為一個成熟穩重的人。

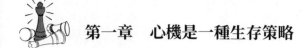

態度和方法同時重要

無論對什麼事情，我們都會有自己的看法和對待這件事的態度，看法千差萬別，態度也有對錯之說。

那麼，什麼是正確的態度呢？態度正確是指一個人做事的出發點以及對事物的看法、信念、價值觀等內在的動機正確。但是，只有好的態度，而沒有好的方法可以嗎？當然不行，做事的效率源於運用正確的知識及方法，千萬不要當那種心態良好卻沒方法的傻子。

方法是指人們所掌握的知識、技術、能力、策略等外在的表現。那麼，只有好的方法，而沒有好的態度，可以嗎？當然也不行，因為人們會覺得你的動機不純。所以，我們也不能做那種有方法卻心態惡劣的騙子。

如果一個人觀念良好、動機純正，使用方法恰當，不但能帶給他人良好的影響。做事效率高、品質好，兩者並存才是成功者的共同點，缺一不可。

日本著名跨國公司「松下電器」的創始人，人們稱之為「經營之神」的松下幸之助，連續十幾年在日本都是收入最高的人，日本企業的事業部、終身雇傭制、年功序列等管理制度都由他首創。他的事業如此賺錢，但卻不像個滿身銅臭味的商人，因為他認為做生意就像做善事，如宗教一樣，宗教給人精神上的寄託和滿足，企業則給人物質上的收獲和滿足，兩者相輔相成。精神與物質是人類的左右兩面，只有同時滿足，人類才會真正感到幸福與愉悅。

如此看來，好的產品就應大量宣傳，讓所有人知道。如果賺不到錢，松下不是怨天尤人，而是會從自身找原因，認為是善事做得不夠，此外松下還認為，企業動用了人力、物力、財力以及大量的社會資源，如果仍然不能賺錢，就是嚴重的浪費行為，這無異於犯罪。

　　松下電器之所以能夠成功且保持長久盈利，跟他的良好態度息息相關。推銷人員如果只有好的心態，但卻沒有好的知識與能力，沒有適當的推銷方法，依然不會有好的效果。

　　如果有好的方法，卻一心只想賺更多錢，不管產品好或壞，死命的推銷給別人，而不顧顧客的利益，即使這種人掌握了方法，也沒有人願與他打交道。

　　由此可見，各行各業，要想在業界裡出色、有成績，態度和方法不相輔相成的話，不會達到預期的效果。只有態度和方法配合得恰到好處，無論在哪一個行業，做什麼事，都會水到渠成、馬到成功。

不要比老闆穿得更好

　　雖然老闆是一個很隨意的人，但李季比較注意自己的形象。有一次，李季和老闆一起外出商談一項業務。為了便於工作，使談判順利，他一改平日裡的休閒服裝，換上新買的皮爾卡登西裝，想通過「包裝」讓客戶留下良好的第一印象，可他沒注意到老闆的衣服還是平時舊的那套。

　　令人想不到的是，客戶一看到李季的衣著，把他誤認為老闆，於是他緊緊握住李季的手，說：「經理真是年輕有為啊！」李季也沒有向客戶作過多介紹。

　　李季的穿著不同凡響，客戶把他誤當作了「主人」，把一身舊衣服的老闆當成了「隨從」，晾在了一邊，一直到最後簽名時，對方才知道穿舊衣服的才是「主角」。結果，業務不僅沒能談成，還被傳為笑話。此後，老闆就對李季「另眼相待」了，有業務外出時，再也不要他陪同了，儘管他知道李季是個很有能力的下屬。事業順利，春風得意的李季，就這樣被老闆晾到了一邊，最後也不得不另謀他就。

　　穿衣戴帽，看似是小事，可是在職場上就不是個小事了。俗話說：「人靠衣裝，佛靠金裝」，穿著打扮對樹立一個人的良好形象有著十分重要的作

用。在家時怎麼穿都沒人管，父母有意見也沒關係，然而在職場上卻是不允許的。老闆或上司看下屬，不光看下屬的才能，也對下屬的衣著打扮很敏感。如果一個下屬在衣著打扮上讓上司天天感覺不舒服，那麼他或她的命運就可想而知了。許多上班族的事業之所以沒有什麼進展，和他們的穿著也有很大的關係。

因此可見，穿著打扮，看起來是一件小事，可卻對一個人的事業有很大的影響。最主要的是，同樣身為一個下屬，若你的衣著、穿戴比你的老闆更好、更體面，那麼大部分的發展機會就與你無緣，因為你穿得比他更體面，會讓他很沒面子，心裡有一種被你比下去的感覺，就算你各方面都很優秀，老闆也不會對你有好感。想一想，哪個老闆喜歡一個穿著比他好、比他強，讓他沒面子的人呢？

若你擔心自己的衣著不夠得體，你可以以老闆的衣著風格來衡量自己的著裝。若你和老闆的著裝風格一致，就不會犯「鶴立雞群」的錯誤了，也就不會受到同事的排擠。和老闆的著裝風格保持一致，容易得到老闆的器重和賞識，還會產生一種「找到了知音的感覺」，對你產生好感。總之，和老闆的衣著風格一致也行，不一致也行，但要注意一點，不要比他穿得更好，也不要讓他感覺不舒服。

從〈乞丐撿貓〉的故事學會知足

很久以前，古希臘有一位美麗的公主，她有一隻波斯貓，她非常寵愛那隻貓。有一天，公主不小心把那隻貓弄丟了，很傷心，國王命畫師畫了數千張波斯貓的畫像貼在全國各地，並且張貼出告示：「誰將貓送回，懸賞金幣10枚。」

告示貼出去以後，送貓者絡繹不絕，可是都不是公主丟失的那隻。公主想：「大概是撿到貓的人嫌錢少，所以遲遲未見自己的那隻。」於是，她將這個想法告訴了國王，國王又把賞錢提高到50枚金幣。這時，一個乞丐在宮廷花園外面的牆角邊，撿到了公主的寵物。正準備抱著貓去換金幣時，他發現原先的50枚金幣已經漲到了100枚，乞丐心想：「假如把貓藏起來，過幾天賞錢還會增加的。」

過了幾天，他又跑去看告示，果然獎金已漲到150枚。接下來的幾天裡，乞丐天天去看牆上的告示。當獎金漲到了令人難以置信的金額時，乞丐決定將貓送進城堡去換賞錢。誰知，當他準備帶貓去領賞時，貓已經死了。因為這隻貓每天吃的都是山珍海味，對乞丐在垃圾裡撿來的東西根本不屑一顧。

看吧，貪婪的欲望往往使人們丟失許多寶貴的東西，包括原本可以到手的財富，就像故事中乞丐那樣，望著50枚，等待著100枚，望著100枚的金幣又期待著它升得更高，結果呢？落得空歡喜一場，這樣做又何苦呢？所以，要學會知足，及時澆滅心中不良欲望的火花，否則，到頭來只能落得「竹籃打水一場空」。

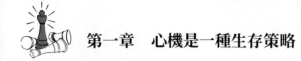

跳槽要留點口德

　　即使一個人一生大部分時間都在做好事，但只要做過一件壞事，那就足以毀掉他一生清譽了。一個口德差的人，不管他的能力有多強，這個社會都不會提供他舒適的棲身之地，而他自己就會像一個「異類」——永遠融不進所在的社會。

　　來看這樣一個故事：

　　有個寺院的住持給一個新來的和尚立下了一個特別的規矩：「到年底時，面對住持只能說兩個字。」第一年年底，新和尚說：「床硬。」，第二年年底，新和尚說：「食劣。」，第三年年底，新和尚沒等住持提問，就說：「告辭。」
　　望著新和尚的背影，住持自言自語的說：「心中有魔，難成正果。可惜！可惜！」

　　這裡，住持所說的「魔」，就是指新和尚心裡沒完沒了的抱怨，他只考慮自己能獲取什麼，卻從來沒想過自己能給予別人什麼，一旦這種「魔」產生，隨著時間的累積，他就會越來越不滿，最後只能離開。

　　當今社會，類似新和尚的人並不少。這種人抱怨成性，從不從自身找問題，這就註定了他們不可能在職場裡有所作為。因為他們有一張閉不住的嘴，天天都在講八卦、發牢騷，無論走到何處，都覺得別人欠自己太多、社會欠自己太多，因此他們腦子裡的「魔」便會不停的往外竄。更糟糕的是，他們每到一個新的團隊。總會對老團隊不留口德的加以批評，說三道四、以此來抬高自己、稱讚自己。

　　你為何要離開原公司？這是一個應徵者離開 X 團隊而應徵於 Y 團隊時，常常要回答的一個問題。面試之所以會問這類問題，無非是想藉此來了解你

在原公司的表現、人際關係等。對這類問題，大多數的人會說在原公司機制、產品、自己職位等方面的局限，最忌諱的就是一被問到這樣的問題就滔滔不絕的把原公司說的一文不值，通過貶低別人來反襯自己，結果往往弄巧成拙。現在，許多公司在面試跳槽而來的員工時，都會詢問在先前公司的情況。其目的有三：

1. 考察跳槽者對新公司能否忠誠。這種忠誠往往能從面試者對原公司的評價中，間接的反映出來。顯然，業者對那些過河拆橋的跳槽者懷有戒心，你今天為了找工作可以把原公司說的一無是處，誰知道明天你會不會把新的公司也罵得體無完膚呢？

2. 考察跳槽者在對原公司評價時帶有多少個人情緒色彩。當在評價中帶有強烈的個人情緒色彩時，就極可能成為一種為達到某種目的而不留口德的語言攻擊。這時，別人就對你敬而遠之了。

3. 對於重要職缺或重要人員的跳槽者，新公司會通過各種手段、管道來了解你在原公司的表現。當你把對原公司的批評傳出去後，別人對你的評價也就可想而知了。即使你有幸被新公司錄取，但對原公司的某上司仍耿耿於懷，而造成心理陰影，這將會影響你在新公司的人際關係。來看這樣一個例子：

   有一個叫蘭蘭的女孩，憑著一副秀麗的外表成功跳槽到 Y 公司，同事主動上前跟她打招呼：「你跳槽後最大的願望是什麼？」她長嘆了一口氣說：「我暫時還談不上什麼願望，我跳槽的主要原因就是再也不想見到那個讓人討厭的男上司。」

   接著，對方又問她，那個男上司為何如此讓她討厭時，她說：「他心眼極小，愛搬弄是非，喜歡指使人，當著眾人的面，把別人指責的一無是處就是他最大的樂趣。」怎料，她現在的頂頭上司也是一位男上司，聽

到了她的話後，心裡就開始嘀咕：「既然她能對原來的男上司說三道四，指不定哪天離開這裡，我也會成為她批評的對象，算了，我還是趕緊找老闆把她炒了。」次日，她就接到了被公司炒魷魚的通知。

作為當今社會人才流動的一種現象，跳槽很正常。因為，透過跳槽，人們能在新團隊裡找到自己最合適的位置，從而創造更多的價值。但如果這一步還沒有達到，你就急急忙忙的想邀功，以貶低老團隊的手段來抬高自己在新團隊的人緣和地位的話，那就大錯特錯了。即使離開，也要留點口德，這樣一來，你才不會把職場的路走絕。

巧於周旋各類人

生活在這個世界，會遇到不同的人物，對於你來說，應和他們多接觸，容納他們的長處和短處，做個交際的高手。當然，人與人之間，言語上的交流必不可少，尤其在職場中，談話技巧就顯得尤為重要。但有些「談客」卻非常令人厭煩，想躲避又躲避不了，不躲避又實在討厭。如果處在這樣的情景當中，你會怎麼去應對呢？

1. 遇到「探人隱私」的人
   這種人儘管伶牙俐齒，巧舌如簧，可不知道談話的要領忌諱。每次見面，他們都要問一些諸如「年齡多大？」、「收入多少？」、「夫妻感情怎麼樣？」等等讓人厭惡的話題。這類人喜歡追問別人隱私、喜歡散布謠言，是搬弄是非的「廣播器」。
   策略：對「探人隱私」的人需要做到答非所問
   若他問「你透過什麼關係坐上這個位置？」，你就說「我有潛力」；若他問你「這個月拿了多少獎金？」你就說「跟別人差不多」；若他問你

「怎麼追到女朋友？」，你就說「我看了一本書，受了些啟發，你若需要我借給你」。如此，既不得罪對方，也保全了自己不想談論的事情，一來二去，這類人知道在你身上也問不出什麼，便不會再問了。

2. 遇到「唉聲嘆氣」的人

人活在這個世上，不如意之事十有八九。有些對前途悲觀、談話以我為中心的人，常常會將他們的不幸、苦惱與憂慮作為談話的主要部分。他們會不停的大訴苦水，接而連三的唉聲嘆氣，使交談的人們聽也不是，不聽也不是。若仔細分析唉聲嘆氣者所說的不如意之事，就會知道，這些事其實很普通，並非如此的淒慘，但唉聲嘆氣的人卻喜歡將自己的處境說得非常嚴重。

策略：對那些「唉聲嘆氣」的人注入活力

與此類人談話交際，要給他們注入積極向上的動力。這些時常唉聲嘆氣的人，不是認為已不如人，正與此相反，在他們的內心裡通常都強烈的渴望得到他人的肯定。和他們在一起交流，需要給他注入蓬勃發展的活力。肯定他們的特長，讚美他們的成績，這樣的話，他們就會非常願意親近你而與你做朋友，還會對你充滿感激。

3. 遇到「道人是非」的人

「來說是非者，便是是非人。」不要以為把他人是非告訴你的人，便是你的朋友。道人是非者，既然在你面前說他人的壞處，自然也會在他人面前，說你的壞處。他們樂於道人是非，是因為他們忌妒他人，心裡巴不得他人越來越倒楣，越來越困窘。聰明的人和這種類人交談的時候，是絕對不會推心置腹的。

策略：對「道人是非」的人就要笑笑而過

遠離這種人的辦法，就是對於他們所說的任何話題都做出冷淡的反應，

從而就會讓他知「錯」而退。但是這種人，絕不能得罪，與之言語交流，笑笑而過，是一種應付的好辦法。

4. 遇到「喋喋不休」的人

與人交談，人們往往討厭那種長篇大論，說起來沒完沒了的人。這種人非常能說，常常說上幾個小時，他們會漫無邊際，口若懸河，高談闊論，只要無人打擾，他們可以一直說下去。他們不僅談天文地理，也談男女情事。談起話來表情豐富，滔滔不絕，從來不會感覺到累。

策略：對於「喋喋不休」的人要巧妙進行提問

遇到喋喋不休者，用提問的方法減少他們談話的興趣，不但不會傷及到對方的感情，同時又能達到讓對方少說的目的。根據這類人的談話內容，隨時提出一些有難度的問題。他在講武松打虎的細節，你就問：「《水滸》這本書裡一共提到多少男的，多少女的？」等等，讓他不知道如何回答。如此一來，他就可以少說幾句。

5. 遇到愛「說教」的人

有的人好為人師。總喜歡對別人加以指點，遇事總喜歡發表一下自己的見解，也不管別人愛不愛聽。在他所說的十句話中，你能夠找出七八處「你應該」、「你必須」、「你不能」等諸如此類詞語。這類人常常自以為是，居高臨下，唯我獨尊，盛氣凌人，自高自大。

策略：對「愛說教者」的人要重於聆聽

與他們進行交流，一定要做到重於聆聽。如果你沒有急著做其他事，就不如靜下心來，聽一聽，記一記。適當的重複一兩句他說的話，或者就某個問題詢問上一兩句。這樣去做，肯定能使你得到一些意想不到的收獲。

6. 遇到「自我炫耀」的人

有的人見到別人時，張口就是我人緣好，出口就是我能力強，明明自己

沒多少本事，卻硬要說大話吹噓。如此這樣，聽者感到臉紅，他卻不知羞恥。自我炫耀者不僅是個自卑者，還是個自負者。

策略：對於「自我炫耀」的人需要幽默風趣

巧妙的做法是以幽默的方式做出應對，似是而非，含糊其詞。

7. 遇到「滅人志氣」的人

有的人說話尖銳而辛辣。從他嘴裡面所說出的話，簡直就像一盆冷水，無論你是接受還是不接受，硬是往你頭上潑。一副要把你的自信澆滅才肯罷休的架勢。這種人往往都是屢次失敗、萬念俱灰之人，將你看得一無是處、絕不如他者，同時還是個認為自己做不到，別人也做不到的自負者，通常也是個能言善辯，但實際上卻是個周圍的人都敬而遠之的人。與之談話，一味的順從、承受，就會使他變本加厲。

策略：對「滅人志氣」的人要攻其痛處

一個合理而又正確的辦法，就是要能抓住機會，攻其痛處—以他過往的愚蠢、無能與可笑的地方，或者用他話語中漏洞、用詞不當、邏輯錯誤攻擊。使他心裡不快，從而令他覺察到自己當前的錯誤。

8. 遇到「自負好鬥」的人

就在你興高采烈的時候，卻來了一位愛爭辯或者別有用心的人，對你的話百般挑剔不認同，一時間好端端的交談就充滿了火藥味。此類人很多都認為自己高人一等，無所不能、無事不曉。不論現在所存在的問題是大，還是如芝麻般的小，他都會與你針鋒相對，氣勢咄咄逼人。此類人一旦對誰懷有成見，就會處處與之硬碰硬。

策略：對「自負好鬥」的人需要句句真理

要想打破僵局，就必須要做到使自己的每一句話都成為牢不可破的真理，這樣一來對方也就沒辦法再攻擊你了。

9. 遇到「滿口假話」的人

現實社會中，有一些人的生活就像在演戲，說謊如家常便飯，隨意欺騙別人，毫無內疚之感。他們撒謊，沒有很重要、很明確的目的。滿口假話者，之所以滿口假話，從根本上來說，是為了掩飾自己、美化自己，甚至是覺得你的理解能力很差，從而搬弄是非，胡說亂扯。

策略：對「滿口假話」之人要糾正

與經常說謊的人在一起交流，必須懂得「以點帶面」的戰術，抓住假話中的一個明顯漏洞，理直氣壯的提出自己的反對意見。謊言一旦被識破，他自然就會感覺羞愧，那種囂張的架勢馬上就會低落下去。這種做法對撒謊者非常有效，雖然會暫時傷及他的自尊心，但卻能讓他正視自己撒謊的毛病，並加以注意。

10. 遇到「俗不可耐」的人

有的人為了展現給他人一個完美的印象，就讓自己的話語裡堆滿華麗詞藻，亂用一些專業術語，從而顯得矯揉造作，華而不實，讓人感到非常厭倦，這些都是俗不可耐的表現。

與俗不可耐的人進行交流，要適當的指教他們。說出一兩句注意的事項、正確的做法，從而滿足他們的求知欲，這些人多數都比較自卑，為避免傷及他們的自尊心，談話時也不能一味的說教。

當然，讓人感到厭煩的「談客」不止是以上的十種，上面所有的交流方法也不能全部照搬。可是有一點可以肯定的是 —— 就是一個人的言談再怎樣令你感到反感，你也應努力保持自己的良好形象。要記住的是，若你能包容社會中的每個人，你就可以稱得上是一個人際高手。

從筆跡和電話捕捉資訊

在現代商業業務往來中，人們很多時候是通過傳真、電話、信件等方式洽談的，而合作雙方並不見面，所以我們想要捕捉到一些對方傳遞來的資訊，可以從這些方面入手，例如我們常說筆跡就是一面鏡子，默默的反映著書寫者的心理特徵。筆跡書寫的過程是大腦意識和心理特徵輸出的過程，而分析筆跡的過程，正是這樣一種資訊還原過程。在做決定之前一定要判斷對方是怎樣的一個人。

透過筆跡認識對方性格

· 急躁的人，寫字時會呈現極大幅度的曲線。

· 理性、冷漠的人，字會呈現銳角且不整齊。

· 性情謹慎、缺乏幽默感的人，會寫出直線又規則的字形。

· 為人小氣，對別人的評價始終耿耿於懷，且具神經質性格的人，愛寫小字。

· 虛榮心很強，且具神經質性格的人，寫字的大小、形狀和角度都很不整齊。

打電話識人性格

神經質類型的人，大多不會考慮對方的立場，會貿然打長途電話給你。

急躁類型的人，表現雖然沒有什麼大礙，但卻喜歡常常打電話給你。

表裡不一的人，總是你主動聯繫對方，而他卻討厭打電話。

透過簽名認識性格

簽名雖然簡單，卻包含著很多心理上的含義。對普通人來說，名字寫的好壞往往代表著一個人的自我形象。不同的人在書寫自己姓名的時候，都有

各自的心理特點，而這些名字的形式恰恰是書寫者心理特點的一種表現。要想分析書寫者的性格特徵，一份有簽名筆跡的文件對此非常有幫助。

- 樸實、正直、表裡如一的書寫者，簽名大小相仿，風格一致。
- 不善社交，謹慎、認真、謙虛的書寫者，簽名字體小。
- 自信，且對自己期望很高的書寫者，簽名字體大。
- 想像力豐富的書寫者，在簽名中有很多修飾。
- 自戀、狂妄，正反兩面的簽名相差甚大。
- 謹慎、自信、負責，及具不信任含義的簽名方法，為其人在簽名以後，習慣在名字的右下方加一個頓點。
- 驕傲、自負，同時自我防禦和自我保護意識強的人，他們的簽名方法會在簽名下方畫重線。
- 生機勃勃、積極進取，並有遠大抱負的書寫者，簽名會向右上傾斜。
- 灰心喪氣、悲觀失望，對目前狀況持否定和放棄態度的書寫者，簽名會向右下傾斜。
- 謹慎小心、遲疑不決的書寫者，簽名的字體向左傾斜。
- 為人正直、意志堅定，但不善於與他人溝通合作的書寫者，簽名垂直。

擁有崇高的信念

一件事情能否做成，關鍵要看做事者對「可能」與「不可能」的認識。對於那些有崇高信念的人，往往能夠成就事業。成就於那些雖然天分高、能力強，但卻疑慮與膽小的人所不敢嘗試的事業。因此，只要努力，一切難關都能被解決，把「不可能」變成「可能」。

你的成就大小，永遠不會超出你的信念大小。同樣，在一生中，假如你對自己的能力，存在著嚴重的懷疑和不信任，那就建立一種必勝的信心，培養自己崇高的信念，就能收獲成功與快樂。

從來沒有人敢說西點軍校校隊要在某時、某地與某某隊比賽，而是一律宣稱：「西點軍校校隊將要在某時、某地打敗某某隊。」連失敗的可能性，都被他們從潛意識裡排出。

重榮譽、講究名譽的西點軍校，大力灌輸培養競爭意識、崇高信念、取勝精神和必勝態度。西點人崇尚第一，要求每個人都努力爭取第一，戰場上除了勝利就是失敗，沒有平局可言。西點不需要弱者，唯有勝利能證明一切。西點校內一直流行著這樣一句名言：「只要你不認輸，就有機會！」儘管注重勝利，要求所有的學員都努力爭取第一，但是西點並不提倡「勝者為王，敗者為寇」的觀念。他們認為，最重要的是那種必勝的信念。

1961 年，西點軍校橄欖球隊在一系列比賽中連連敗陣，軍校開除了文森特·托馬斯·倫巴第教練（Vincent Thomas Lombardi），同時聘請受人歡迎的波爾·迪茨爾為新教練。校長威斯特摩蘭（William Westmoreland）解釋說：「聘請迪茨爾擔任西點軍校橄欖球隊的教練，是為了國家的利益，為了陸軍的利益，為了西點軍校的利益。經過我們大家的共同努力，總算找到了一位能『取勝』的理想教練。」

西點人注重勝利，並且不斷強化勝利意識，當他們感受到，獲得球賽的勝利和獲得戰爭的勝利間有著許多相似之處時，就把體育運動廣泛的引進學生生活之中。體育和戰爭的本質都是雙方的對抗，最後決出勝負，而其關鍵就是「獲勝」。

　　鯉魚們都想跳過龍門。因為，只要跳過龍門，牠們就會從普普通通的魚變成超凡脫俗的龍了。可是，龍門太高，牠們一個個累得精疲力竭，摔得鼻青臉腫，卻沒有一個能跳過去。牠們一起向龍王請求，讓龍王把龍門降低一些。龍王不答應，鯉魚們就跪在龍王面前不起來。牠們跪了九九八十一天，龍王終於被感動了，答應了牠們的要求。鯉魚們一個個輕輕鬆鬆的跳過了龍門，興高采烈的變成了龍。

　　不久，變成了龍的鯉魚們發現，大家都成了龍，但跟大家都不是龍的時候，好像並沒有什麼兩樣。於是，牠們又一起找到龍王，說出自己心中的疑惑。

　　龍王笑著說：「真正的龍門是不能降低的。你們要想找到真正龍的感覺，還是去跳那沒有降低高度的龍門吧！」

　　降低標準，只是自己騙自己。像龍門一樣，真正的成功之門是不能降低的。要想找到真正成功的感覺，還是去打開那扇沒有降低高度的門吧！

　　有了獲勝的念頭，才有可能獲勝，一個沒有勝利欲望的人，又怎麼可能獲得勝利呢？只有「第一」的信念才可以激發人勝利的欲望，使你在任何困境中都充滿勇氣和信心，促使你勇於競爭，並通過實際的努力來獲得最終的勝利。

　　拳王阿里與福爾曼對陣之前，他像以往那樣宣稱自己將獲得勝利。在他早期的拳擊生涯中，阿里就常預測對手的實力，但那時他是與實力遠不如自己的人競賽，現在，阿里是離開圈內多年後再戰，且福爾曼還是常勝軍。

　　阿里居然仍誇口自己會勝利，他不只說一次，還重複無數次。這回，他的預測錯了。儘管最後一戰他辛苦應戰，但還是失敗了。在這之後不久，阿里被邀請上美國一家電視臺訪談節目，在他被介紹給觀眾之前，有人懷疑他上臺時，是否會受觀眾歡迎，因為他曾信誓旦旦的說他一定會贏，結果他輸了，那確實令人無地自容。

　　可當阿里出現時，他受到了觀眾真誠的起立致意，鼓掌喝彩。因為觀眾並不認為阿里是個愚弄自己的人，相反的，他們認為阿里是一名勇於以自己的名譽作賭注的勇士，雖然比賽結果並未如他所言，但比起他敢冒險的勇氣，勝負真如鴻毛一般，不值一提。

　　在阿里眼裡自己永遠是一個成功者的形象，這有助於打破自我懷疑的不良習慣，敢於自我挑戰者，即使失敗，也是人群中的勝者，因為他不斷激勵自己向著更高的人生境界發展。有句說得好：「失敗者任其失敗，成功者創造成功。」這句格言強調，勝利者天生是傾向行動的人，他們將自己視為世界舞臺的演員，而非是被動被他人行動牽制的受害者。

　　在當今競爭激烈的社會，並非每個人都能成為第一，但是每個人都可以擁有第一的夢想。只有第一、爭取第一，是一種積極向上的心態，也時刻提醒自己，要相信自己的信念，它為所有人創造了一個奮鬥的目標，一種前進的動力。

管理者要實事求是誇獎下屬

　　我們提倡讚美別人，但是誇獎別人時，要適度、誠實，不可浮誇。特別在團隊當中，表揚下屬要恰當，管理者要能夠掌握用語分寸，不能任意誇大，使評價失實。

　　稱讚不可虛構、誇張，它必須有一說一、有二說二，有確實值得誇獎的人和事，要做到恰如其分的稱讚，這樣才能起到鼓勵他人的作用；相反，如果你在誇獎別人時，把事實隨意誇大，把七分成績說成十分、把本來很樸素的想法提高到理想化的境界，就會使評價失真，事與願違，就會產生消極作用。

　　例如，採礦工人在大年夜堅守崗位，僅一個大夜班就採了 250 噸礦石，雖然與平常相比，不相上下，但在大年夜還能採出那麼多，就說明礦工們不僅犧牲了與親人在大年夜團圓的時光，還在礦場辛勤的付出，是件多麼了不起的事情啊！值得我們稱讚和學習。

　　然而，有家礦產公司經理為稱讚工人們的成績，張貼了一張公告，上面寫著「昨晚，採礦工人以礦為家，發揮了無私奉獻的精神，大夜班出礦350噸，創造出大夜班出礦歷史最高紀錄。」

　　很明顯，這是一種浮誇。像這樣，只會讓被稱讚者產生盲目自滿情緒，以為自己真有那麼好，除此之外，還會造成人們的不滿。因為人們崇敬的不是人為的虛假典範，而是真正的楷模。對於名不副實的模範，人們會由不服氣、反感，進而討厭，另外，這種浮誇還容易助長人們不務實、圖虛名的不良習慣。

　　所以，誇獎讚揚別人時，要實事求是，職場中，老闆對下屬誇獎是對其工作的肯定和認可。激勵下屬，對樹立威信具有不可替代的重要意義，還是調節上下級關係的「潤滑劑」，但要想靈驗，首先，老闆必須得要明辨是非、分辨良莠，將對下屬的誇獎建立在事實的基礎上，只有「鐵證」如山，大家才能心服口服，進而仿效。

同事之間、上下級之間也會保持和諧和團結的關係。對於一名老闆來說，要做到實事求是，論功行賞，還必須做到公正，不管是誰，就算下屬只是「出色」的完成了一項工作，或者僅僅提供了一條「有創意」的思路，都應該肯定和表揚。相反，即使是皇親國戚，無功也不行賞。也就是說，誇獎一定要實事求是，只有這樣才能發揮讚美的效力。

大智若愚難得糊塗

常言道：「呂端大事不糊塗。」是說在處世中，任何時候都不要耍小聰明，小事要裝糊塗，在重要的大事上，才體現出大智大謀。現實中，實話實說可能會適得其反，風趣的繞開焦點話題，用幽默含蓄的方法，巧妙的避開，讓聰明轉糊塗，讓糊塗轉聰明，懂得左右逢源，不被煩惱所繞，只有如此，你才能做一個幸福、快樂、成功的人生。體會沉默是金的道理，才會真正醒悟要如何做人。

一個大家都認為他很傻的小孩，要是有人同時給他 5 元與 10 元的硬幣，他會選擇 5 元，而不要 10 元。有人不相信，於是拿出兩個硬幣，一個 5 元，一個 10 元，讓小孩選其中一個，結果小孩還是挑了 5 塊的硬幣。

這個好奇的人就問孩子：「難道你不會分辨硬幣的幣值嗎？」

孩子小聲回答說：「要是我選擇了 5 元，下次就沒有人會和我玩這種遊戲了！」

確實，要是他選擇了 5 元，就沒有人願意繼續跟他玩下去了，可他得到的，也只有 10 元，但是，他拿 5 元，把自己裝成傻子，傻子當的越久，得到的卻比當聰明的人拿得還要多。這就是小孩的聰明所在。現實生活中，我們就要向「傻小孩」看齊，不要 10 元，而要 5 元！

社會上，很多人常有一種不拿白不拿，不吃白不吃的貪婪。而這種貪婪

不但損害了別人的利益，還會使別人對你產生反感。也許他人可以容忍你的行為，不在乎你的貪，可是當你懂得適可而止，他人會對你有更好的印象和評價，也會願意延續與你的關係。

人是最具靈性的動物，可再聰明的人，也會犯傻；再精明的人，也會失算；再理智的人，也會糊塗，人活著，不管做什麼，總有糊塗、做錯事、走錯路、說錯話的時候。

鄭板橋說：「難得糊塗」其間含義深遠，難得糊塗，有時或許是件好事；難得糊塗，可能會造成傷害；難得糊塗，也可能會帶來一輩子遺憾；難得糊塗，有糊塗的好處。太聰明的人，讓人不敢接近；太精明的人，讓人覺得害怕。糊塗的人，能夠讓人看到缺點，從而放心和你交往。

難得糊塗有諸多的解釋，每個人對糊塗的理解不同，世上怪事很多，有時很難處理，裝糊塗，也未必是件壞事。可是人生不能總是糊塗，只有清醒的去面對現實，才能適應社會，正確的處理好問題。糊塗，只能難得，也要盡量減少。偶爾犯點小糊塗，無礙大事。可時常犯點糊塗，就是一件大事。

難得糊塗，糊塗難得。正確對待真的讓人很辛苦。有時糊塗也能給人們帶來很多益處。

首先，減去生活中不必要的煩惱。在我們的身邊，不管是同學之間、鄰里之間，還是萍水相逢、偶然相遇，都難免會產生一些摩擦，造成煩惱。若斤斤計較，會越想越氣，既於事無補，又對身體無益。若是能做到遇事糊塗些，煩惱自然會少，心情也就會好。

再者，讓我們集中精力做一件事。人的精力是有限的，假設一味在個人待遇、名譽、地位上繞圈子，或是把精力花費在勾心鬥角、玩弄權術中，就會對工作、學習與事業的發展產生不利的效果。世上有所成就者，大都在處世方面有糊塗的時候。

最後，消除人和人之間的隔閡，融洽關係。糊塗之人老實憨厚，顯得平易近人，常常更易相處，也不容易產生是非。

人生在世，誰都想活得自由、自在，瀟灑、愉快、輕鬆，讓自己的事業蓬勃發展、財運亨通，成為他人羨慕的物件，如此就需要學會培養自己的「糊塗」的本事。在我們的社會中，有著複雜的人事關係。紅樓夢中的王熙鳳做人精明，仗著賈母的寵愛與自身背景，上欺下壓，機關算盡太聰明，最終令眾人生厭，鬱鬱而死。由此可見，不可精明過頭。

宋代宰相韓琪，以品行端莊著稱，他時刻遵循著得饒人處且饒人的生活法則，處理任何事情都得到眾人的好評，最終得到了大家的敬重與認同。

有時聰明反被聰明誤，自逞聰明會引火焚身。三國時代的楊修絕頂聰明，但卻聰明過了頭，最終引來曹操的嫉恨，並找機會將其殺掉。

所以，要是一個人真的很聰明，也不能將其全部都寫在臉上，有時要做到揣著聰明裝糊塗才是真正的聰明。做人過於精明，就只會變成一種小聰明。

《世說新語》裡，有一則小故事：

有次曹操帶著楊修出門，看到一塊石碑上刻著「黃絹幼婦，外孫齏臼」八個大字，曹操就問楊修是否明白上面是何含義，楊修說道：「當然知道」曹操就說：「你別說，讓我猜猜看」繼續走了三十里，曹操說他也知道了，並說好讓兩個人分別把答案寫在紙上，結果兩人同時寫出絕、妙、好、辭四個字。曹操感嘆道：「我的才華真不如你，想了三十里才知道答案」人們被楊修的聰明與睿智折服了。可一想到楊修之死，人們又會對他所作所為大打折扣。做事過於聰明的人，並不等於就真的聰明。

曹操修建了一座花園，落成後親自去察看，他的手下問他是否滿意，他不置褒貶，只取筆於門上寫了「活」字就走了。人們都不明白他到底是何意思，只有聰明過人的楊修，立即領會到了曹操的意圖：「門內添一活字，乃闊字。丞相嫌園門闊耳」，於是他的屬下就把園門縮小，當曹操再次來

看的時候，十分高興，就問是誰知道他的意圖，手下回答是楊修，疑心很重的曹操，對準確領會自己意圖的楊修表面上表示讚賞，可心中生忌，所以楊修並沒有得到曹操的提拔與重用。

另外一次，有人款待曹操一杯酪，曹操吃後，就在上面寫上一個「合」字給大家看，人們都不清楚他的意思，輪到楊修，楊修吃了一口，說：「主公讓我們每人吃一口，這沒有什麼好懷疑的。」雖然曹操當時沒說什麼，可對楊修的戒心卻日益加重，還產生了要除掉楊修的念頭。

之後，在一次戰爭裡，曹操被蜀軍圍困在斜谷，處於進退兩難的境地，就有感於懷，用「雞肋」為口令。楊修明白曹操的心思，吩咐隨行將軍收拾行李準備打道回府，將軍夏侯惇見狀大吃一驚，問楊修為何要擅自作主行動，楊修回道：「以今夜號令，便知魏王不日將退兵歸也，雞肋者，食之無味，棄之可惜。今進不能勝，退恐人笑，在此無益，不如早歸……」誰知道就是楊修這次的「聰明」，讓曹操以擾亂軍心為藉口，下令把他斬了。

楊修失敗的教訓，最終的原因在於他很聰明，可又不善於掩飾自己。聰明之人，凡事喜歡耍點小聰明，表現自己，常常都被聰明反被聰明誤，君王喜歡有人輔佐，可卻不喜歡被人超越。

西方有句諺語說的好：「儘管星星都有光明，卻不敢比太陽更亮。」《陰符經》曾經也說過：「性有巧拙，可以伏藏。」這也就讓我們知道，善於隱藏是制勝的重點。假設一個人不懂得隱藏的道理，即便能力再強，智商再高，也不會戰勝強大的對手，甚至還會招來殺身之禍。楊修就是愛在上司面前過度的表現自己，在他人面前表現出自己的小聰明，最終鋒芒畢露而不知收斂，才高震主而不懂掩飾，讓自己引火焚身。

真正聰明之人，不管是對於自己的優點或缺點，都不會發揮到極致。人們常說盛極則衰，實際上也就是這個道理，所以，適當的掩飾自己是最好的選擇。大智若愚的人是真正的智者，只有這樣的人才能在這個社會上，一帆風順，取得成功，而坦然地生活下去。

第二章　態度隨和最有好人緣

態度是一個人交際的砝碼，態度隨和，能讓人倍感親切，贏得好人緣。一個冷血、對人不冷不熱的人，他除了無法享受到和別人在一起的幸福感，還會感受到被別人拋棄，孤苦無援。

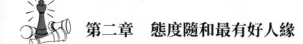

善於聽別人講話

什麼是成功交談的祕密？「一點祕密也沒有……專心致志的聽人講話是最重要的，什麼也比不上注意聽，那是對談話人的一種恭維。」斯邁爾斯（Samuel Smiles）說。

難道不是這樣嗎？我們知道有一些老闆，他們選最好的店址，進貨講經濟效益，花許多錢做廣告，但卻雇了這樣的售貨員——他們不注意聽顧客講話，常常打斷顧客的話，擺出一副不耐煩的樣子，惹顧客發火，從而使顧客離開商店。下面是烏托的經驗：

烏托從商店買了一套會掉色的衣服，襯衣的領子染上了顏色，他拿著這件衣服來到那家商店，找到了賣這件衣服的售貨員，向他說了事情的經過。可沒想到，銷售員總是打斷他的話，銷售員說：「你是第一個上門來抱怨衣服品質不好的人，我們賣了幾千件這樣的衣服。」他的語氣似乎在說：「你在撒謊，你想誣賴我們，等一下我要給你點顏色看看。」

「所有深色禮服剛開始穿時都會褪色，特別是這種價錢的衣服。」第二個售貨員在他們吵的正兇的時候走了進來說。

烏托先生敘述這件事時強調說：「第一個售貨員懷疑我是否誠實，我差點氣得跳起來，第二個售貨員說我買的是次等貨，我氣死了。當我準備對他們說，你們把這件衣服收下，隨便扔到什麼地方，見鬼去吧。這個部門的負責人就在這時候來了。他很內行，他的做法改變了我的情緒。」

使一個被激怒的顧客變成了滿意的顧客。他是如何做到的呢？

他直接對烏托先生承認，他不知道這套衣服出了什麼問題，並在那兩個售貨員又開始陳述他們的觀點時，開始幫烏托先生說話，反駁他們，指出領子是因為衣服褪色而弄髒的，還強調，商店不應該出售顧客不滿意的商品

「你想怎麼處理？我一定照你說的做。」

「就在 9 分鐘前，我準備把這件可惡的衣服扔給他們，可現在我回答說，『我想聽聽你的意見，我想知道，這套衣服以後還會再染髒領子嗎？是不是能再想點什麼辦法？』他建議我再穿一星期，如果我還是不滿意，要我把它拿來，讓他們想辦法解決。」

他說：「請原諒，給你添了這些麻煩。」

「離開了商店，我很滿意。7 天後，衣服不再褪色了。對於這家商店，我完全相信了負責人的誠意。」

採訪過世界上最多著名人物的艾薩克‧弗雷德里克‧馬科森（Isaac Frederick Marcosson），他說：「許多人沒能給人留下好印象是由於他們不善於注意聽對方講話。他們那樣津津有味的講著，完全不聽別人對他講些什麼……很多知名人士對我講，他們推崇注意聽的人，而不推崇只會說的人，由此可見人們的其能力莫過於『聽』的能力。」

每個遇過困難的人、每個不滿意的職員，或受委屈的朋友和每一個被激怒的顧客，都需要善於聽他講話的人。你要做到善於傾聽別人講話的人，你就會成為好的對話者。與你談話的那個人，他對自己事情的興趣程度比對你的事情感興趣百倍。

請記住這條準則，你如果想成為被人喜歡的人：「要善於注意聽別人講話並鼓勵其講話。尊重他人才能讓人接受。」

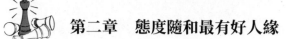

親切友好更容易解決問題

人與人之間不可能沒有矛盾，而選擇什麼樣的方法去解決那些矛盾則是一門為人處事的學問，也是一門藝術。從古至今，有許多化干戈為玉帛、化敵為友的故事，值得我們借鑒。

如果你被人激怒，並向對方進行反擊，也許在一段時間裡，會感覺好受一些。但其他人會怎樣做呢？他們會分享你的快樂嗎？你憤怒的語調、敵對的態度能讓他們認同你的觀點嗎？

伍德羅·威爾遜（Woodrow Wilson）說：「如果你握著拳頭來找我，我敢肯定自己的拳頭也會馬上握緊。但是如果你說讓我們坐下來一起商量吧！意見不同，我們就找出原因，看看到底哪裡發生了問題。我們立刻就會發現彼此的距離並不遙遠，分歧的也很少，相同的地方卻很多，我們有親切、友好的態度，並且能開誠布公，就能夠順利的解決問題。」

1915 年，洛克斐勒控制著科羅拉多州燃料鋼鐵公司，當時，發生了美國歷史上最激烈最血腥的罷工，並持續了兩年之久。憤怒的礦工全體出動，毀壞機器，要求洛克斐勒提高薪水。軍隊前來鎮壓，許多罷工工人被射殺，倒在血泊中。

空氣中彌漫著仇恨，此時洛克斐勒想要說服罷工工人，但該如何去做呢？

他首先用幾周的時間與礦工代表交朋友，然後公開向他們致辭。這次演講堪稱傑作，它產生了驚奇的效果。不僅平息了來勢洶湧的罷工怒潮，還為他贏得了大批崇拜者。衝突最終以和平方式解決，工人返回工作崗位，再也沒提他們爭取了許久的漲薪要求。

下面就是這次非凡的演講，他語氣親切友好：「我為自己能站在這裡感到自豪，我拜訪了你們的家庭，見到許多人的妻子兒女，我們在這裡不是

以陌生人，而是以朋友的身分見面，只有得到你們的允許，我才能夠站在這裡。

這是我生命中最重要的一天，我第一次有機會和這個偉大公司的工人代表、主管以及負責人見面，來到這裡和大家在一起，我感到非常自豪，在有生之年裡，我都不會忘記這次相聚。如果這次會面發生在兩周以前，我只能認出少數幾張面孔，對大家來說我也是個陌生人。

但上周我有機會拜訪了南部的所有煤田，並私下和工人代表見了面，我很高興有這樣一個機會在友誼的基礎上，討論我們共同的利益。今天到場的都是公司主管和工人代表，沒有你們的允許我是不可能站在這裡的，我沒能有幸成為你們中的一員，但我感覺我們是密不可分的，因為從某種意義上講，我既代表了股東，也代表了勞工。」

這難道不是一篇化敵為友的佳作嗎？假設洛克斐勒採取的不是親切、友好的態度，而是跟他們爭吵，指責他們的破壞行為，或者以告誡的口吻諷刺工人，用各種理由證明他們是錯誤的，事情又會怎樣呢？只能激起更多的憤怒、仇恨和反抗。

如果一個人與你意見相左，並對你印象惡劣，那麼即使你用道理來勸說，也不可能贏得他的認同。挑剔的父母、作威作福的老闆和丈夫、嘮叨的妻子，都應該意識到人們不會輕易改變自己的想法。你不能強迫他們同意你的觀點，但你可以引導他們。

古老的格言說：「一滴蜂蜜比一加侖膽汁招引的蒼蠅還要多。」所以，若想贏得他人的認同，首先要讓他相信你是他忠實的朋友，這會如蜜糖般滋潤著他的心田。如果你能夠那樣做，這才真是說服別人認同你的良方。

慈眉善目、和藹可親的丹尼爾‧韋伯斯特（Daniel Webster）堪稱最成功的辯護律師。他正是通過溫和的言辭展示了自己最強而有力的辯護：「陪

審團也許會這麼認為」、「這一點或許值得思考」、「我相信您不會忽略下面的證據」，或者「以您對人性的了解，可以輕易看出這些證據的意義」，沒有恐嚇、沒有高壓政策，也沒有把自己的想法強加於他人。韋伯斯特使用了溫和、平靜、友好的口吻，他也因此聞名遐邇。

你可能永遠沒機會去平息罷工或為案件辯護。但你絕對有希望減少自己的房租。問題是能否通過友好的方式去解決？

史特勞布想要減少自己的房租，但他知道房東脾氣十分暴躁。「我給房東寫了封信，通知他合約一到期，我就退房。但事實上我不想走，如果房租能降下來，我希望留下，但看上去希望不大，因為其他鄰居都嘗試過了，全部都以失敗告終。大家都說房東很難對付，但我對自己說，我已經學習了如何與人交往，現在要在他身上試試，看看效果如何？

他一接到我的信就來找我。我在門口友好的微笑，並對他熱情的打招呼。我並沒有提出房租過高的問題，而是一再表示自己有多喜歡這套公寓。相信我，我確實做到了衷心的稱讚和慷慨的讚美。我稱讚他經營有方，並告訴他我是多麼希望再住一年，不過我支付不起昂貴的房租。很顯然他沒碰到過這樣的房客，一時不知所措。於是他向我解釋他的困難，抱怨一些房客，他說有人寫了 14 封信給他，其中幾封完全是侮辱信件，還有人威脅，如果不能制止樓上的人打呼，他就不租了。」

房東說道：「能遇到像你這樣的房客，對我來說真是莫大的安慰。」

「接下來，我還沒有提出要求，他就幫我減少了房租。我想再降低一點，便寫下自己能夠承受的價格，他也默默的接受了。準備離開的時候，他還轉過身來問我，需要為我的房間做些裝修嗎？如果我用別人的方法要求他降低房租，肯定也會以失敗告終，正是親切、友好才使我獲得了成功。」

有一則關於太陽和風的寓言，給了我們很好的啟示：

太陽和風相互爭吵，都認為自己比對方更強大，風說：「我能證明自己比你厲害，看到那個穿著大衣的老人嗎？我打賭可以比你更快的讓他脫下衣服來。」於是太陽躲到了風的身後。風呼呼的吹著，但它吹得越猛烈，老人就把大衣裹得越緊。

最後，風表示放棄。這時，太陽探出頭來，溫和的對老人微笑著，不久，老人擦了擦額頭上的汗水，脫下了大衣。太陽告訴風，親切、友好永遠都比激烈狂暴更為強大。

正如太陽可以比風更快的讓老人脫下衣服，親切、友好，能比世界上所有的狂怒和咆哮更輕易的令人們改變觀點。請記住古老的格言：「一滴蜂蜜比一加侖膽汁招引的蒼蠅還要多。」

不揭別人的短處來尋開心

人們在一起聊天時，總喜歡說些有趣的事，以緩解工作的壓力，給生活增加一些歡笑。但有些人卻喜歡拿別人的過失、隱私、缺陷等作為樂趣和笑料，揭別人的短處來尋開心。

拿人取樂，是一種不良的行為。儘管也能引出笑聲，但同時也給被揭短者帶來無盡的苦惱和怨恨，嚴重影響人與人之間的交往和發展，因此，不要揭別人的短來尋開心。

一群青年男女在一起聊天，有個男孩心血來潮，指著一個非常胖的女孩說：「你可越來越像隻加菲貓了，你是不是平時也喜歡吃義大利麵和披薩啊？」

他的話逗得大家哄堂大笑，可這個女孩正為自己不斷發胖，拼命減肥也沒用而苦惱，當眾羞辱她，她怎麼受得了呢？於是她翻臉說：「我胖怎麼了，我營養好！你瘦得像根火柴棒，一副弱不禁風的窮酸樣！」此時，笑聲沒有

了，一股火藥味升了上來，拿別人尋開心，結果自食其果。可見，拿別人的缺陷取樂是一種糟糕的行為，極容易招致別人的反感，引起矛盾和衝突。

小王有尿失禁的毛病，久治不癒，他因此十分苦惱。有一次，一位同事當著眾人的面說出了一句：「這小子每天晚上畫地圖，早上起來還得晒被子，怎麼就不能憋一下？」大家起哄的大笑起來，小王聽了，臉色鐵青，轉身衝出去了。

這個玩笑話釀成了嚴重的後果，小王竟跑到一個湖邊，跳了下去。還好救援及時，否則後果不堪設想。那位拿他取樂的同事，也被開除了。

談論別人的短處取樂是一種低級庸俗、有害無益的取樂方式，把自己的快樂建築在別人的痛苦上，極易惹出事來。

由於你傷害了別人的自尊心，你將被人仇視，同時，這也非常損害你的形象，人們會認為你是個刻薄的人，會對你反感、有戒心，認為你是不能信任的。把談論別人的缺點，當作樂趣是一件損人而不利己的事。最好不要做！

凡人皆有短處，也有長處。我們為何不能試著談論別人的長處呢？再說了，地球這麼大，可談論的話題和歡樂的題材取之不盡，用之不竭。我們實在沒必要把別人的短處作為話題。

為了將來要學會忍

退一步，是生存之道中常見的。軟蟲為了求得伸展而收縮；龍蛇為了保全自身而蟄伏。當你身處困境、碰到難題的時候，千萬不要為解一時之氣而放棄自己長遠目標，在你的事業剛起步的時候，一定要學會「忍」的本領，「小不忍則亂大謀」。在社會中生存，「忍」字很重要，因為一個人不可能永遠事事如意，有些事情無法解決，也可能沒辦法很快解決，所以你只能學著暫時先忍耐！

　　我們只要能學會忍耐，總會有翻身的一天，苦難最終也將會過去。求職不順，屢遭辭退要忍；晉升無望，數年不升要忍；考核，論資歷排輩要忍；名利，該得未得也要忍……痛苦是忍的過程中所要經受的。

　　劉邦起兵沛縣，可是勢力一直很弱，他有自知之明，於是處處忍讓，最終讓他一統天下。他的忍讓主要在以下四個方面表現出來：

1. 鴻門宴上的忍讓。按楚王先入關者為關中王的約定，劉邦雖搶先入了關，可是項羽氣勢洶洶地興師問罪，擺下鴻門宴，更有項莊來舞劍，伺機刺殺劉邦，險象環生，劉邦好幾次都接近死亡邊緣，項伯拔劍起舞，以身護之，後劉邦身邊謀士張良想出了脫身之計才能得以逃脫。試想，如果劉邦當時不咽下這口氣，而和項羽相抗衡，那後果可就不堪設想了。

2. 屈就漢王的忍讓。項羽於鉅鹿之戰中一舉拿下秦軍，成為天下無敵的英雄，他分封諸王，但只把一個小小的漢王分封給劉邦。不僅如此，項羽還派了三個秦朝將領在關中一帶牽制劉邦。如按楚王之約，劉邦本為關中王，現在不僅沒做上關中王，連封地也被改變了，於是大怒要和項羽理論，在眾謀士的勸說下，他又忍住了，並且休養生息，後終於成就大業。如果當時劉邦不忍讓，而是衝動的帶兵和項羽交戰，那也就沒有以後的統一天下了。

3. 封韓信為齊王之忍。垓下之戰，千鈞一髮，如果單單靠劉邦自己的力量當然打不過項羽。於是，劉邦派人給韓信、彭越下令，讓他們率領部隊人馬齊聚到垓下和劉邦所率領的人馬一道包圍項羽。這時，韓信派使者向劉邦請示，要做齊地的假王（假是代理的意思）。劉邦想到目前自己正處於艱苦階段，請韓信前來支持，他卻要當齊王，不由發怒，罵之不絕。此時，身邊張良趕忙拉了他一下，向他提示眼下正是用人之際，不可因此而傷了和氣，於是他又馬上換了口氣：「男子漢大丈夫率兵奮虜，

立了大功，做什麼假王，要做就做真王！」他立刻派張良帶著齊王印綬去給韓信加官晉爵。韓信做了齊王後，帶兵直擊垓下，和劉邦等軍把項羽包圍了起來，最終導致項羽失敗自刎。劉邦本要大怒，經人提示，他又忍住了，眼下正值勝負未分之時，想到小不忍則亂大謀，應當以和為貴，終於由於他的忍耐而讓他取得了決定性的勝利。

4. 忍和親之忍。劉邦一統天下，做了大漢皇帝，匈奴侵境，他為了揚國威，親率大軍北上以拒匈奴。誰知，匈奴不僅善於作戰而且計謀也多，設計把劉邦困於白登山，後來採用陳平之計才得以脫身。由於實在想不出更好的辦法來抑制匈奴。於是，劉敬建議可以用和親之策，劉邦認為不可行，天朝大邦向番夷部落和親求和，有失朝威，咽不下這口氣，可是又打不過，只好用了劉敬之策，從後宮挑了宗室之女，送給匈奴和親。邊疆才得以穩住，使邊塞人民免受刀兵之苦。在這件事上劉邦又忍了，起初不同意，可後來聽劉敬言之有理，也就應了。以和親來平定天下，這也不失為高明的策略，如果劉邦忍不住再起戰爭的話，就有可能會再一次出現白登被困的慘況。

什麼事該忍，什麼事不該忍，並沒有一定的標準。因為，我們每個人遇到的狀況均不相同，但是當別人的形勢比你強時，你就一定要忍！

所謂形勢不如別人強，是指目前環境對自己不利，比如在公司裡受到上司的辱罵、排斥，對目前的工作環境不滿意，但是又找不到更好的工作；自己好不容易做個小生意，卻受到客戶的刁難；想創業，資本卻不夠；好端端的走在大街上，可是卻無緣無故的讓人欺負⋯⋯。

一旦你處於弱勢，就很難施展自己的長才，彷彿困獸一般。有些人碰到這種情況，常常由著自己的性情，順著自己的情緒行事，如被人羞辱了，乾脆就與他們打一架；被老闆罵了，乾脆就拍他桌子，摔他東西，之後自動走人。不

敢說這麼做就會毀了你的一生，因為人生之事，事事難料，有時甚至會「因禍得福」！

但如果沒有忍性，肯定會給你的事業帶來負面的影響，而且不能忍的那種人「因禍得福」者並不多，到了中年才會感嘆的說：「那時真是年輕氣盛啊！」這裡並不是說不能忍的人命運就不好，而是說他們走到哪裡都不能忍，不能忍氣、忍苦、忍怨、忍罵，想逃避、想抗拒，可在人性叢林中，欺人之獸，到處都有！所以常常還沒等情形好轉過來，他就崩潰了。

所以，當你在碰到難題、身處困境的時候，想一想你的遠大目標吧！為了自己的遠大目標能實現，一切都可以忍！千萬不要為解一時之氣而失掉自己的理想。

厚臉皮的三種境界

歷史與現實中的「厚臉皮」有著不同的境界和層次，境界越高，表明厚臉皮不僅是一種心理修煉的完善，也是標誌著一種道德的成熟。

厚臉皮可分為三個層次：不惜一切代價取勝的境界、自我反省的境界和鬥士境界，這是一個由低到高的修煉過程。

第一，謀求取勝，不惜代價

「厚臉皮」最終的狀態是不帶道德色彩，它純粹講述關於如何得到你想得到的目的，換言之，不惜一切代價取勝。處於這種狀態，「厚」毫無良心可言，「厚」極端無情。「厚臉皮」最原始、最表面的形態是不講倫理，只講有效行為。有這樣一個例子：

一家美國航空公司的雇員們為了減少營業費用，在偽造飛機保養和安全檢查報告時東窗事發，當場被抓。那些下令偽造這些報告的行政官員十分清

楚，他們把乘客、飛行員和機組人員的生命置於極危險的境地，這與他們節省下來的金錢毫不相稱。

有時維持和平的器具，也是致人於死地的兵器。「厚臉皮」猶如矛一般，本身並不具有邪惡的屬性，每個人也可以將之運用在純粹追求私利上。

部分人善於將「厚臉皮」作為實現他們自私自利動機的工具，對這些人來說，為了獲勝，沒有不能付出的代價，只要能夠贏得勝利，他們可以不惜損害別人的利益。

古往今來，從東方到西方，有很多利用第一種境界的「厚臉皮」來獲得不應得到的利益。試看美國儲蓄貸款機構的倒閉和國際商業信用銀行的非法交易，在這些機構的背後，所有「聲名顯赫」的人都是實踐最原始「厚臉皮」的高手。

他們的臉皮很厚，刺也刺不進，保護他們免遭他人及所有可能會為難自己的譴責。當他們用矛刺那些不具懷疑之心、對其信賴的公眾，讓那些無辜的儲蓄者流著金錢之血而慢慢死亡的時候，他們的心很黑，對這樣人來說，私利是目的，厚是手段。

第一種境界的厚，引導我們取得成功，於是，我們的成功常常沒有甜蜜之味。利用無情的手段征服他人並不難，你只需要向魔鬼出賣你的靈魂。

第二，自我反省，積聚心力

隱藏的「厚」更深一層的精髓在第一種境界之下。有一些人實踐第一種境界的厚，發現就連他們自己也感到不快樂，他們開始進行自我反省。

自我反省是一種心理過程，為了徹底的了解它，不得不提起生活靈性都與「厚」有著密切關係，因為人類不論是在公事及私事上都受著它們的心理及靈性觀念的影響。

在東方人看來，兵法、經商、哲學和心理、精神不能割離，心靈的智慧是人類生命之根。智慧只有一種，而智慧的運用則是無窮無盡；與此相反，西方世界一般將生活的知識分成若干部分，然後把它們分門別類放在書架不同的隔層。那些實踐第一種境界的「厚」者，若不修煉第二種境界，便會變成害人害己的危險人。

處於自我反省階段，人通常是很脆弱，他們拒絕採納第一種境界那種有力而邪惡的舉止，正在探索不為人知的王國，他們的心靈要求他們的行為更令他們滿意。他們處於一種易變、混亂、有時是很痛苦和憤怒的狀態。

他們被自己新發現存在於自己身上的敵人所壓倒，這些敵人就是他們性格上的缺陷：貪婪、憤怒、自我懷疑、自我限制、妒忌、羨慕、害怕、羞愧、擔憂、心胸狹窄、憎恨、欺騙、欲望、自私、懶惰、虛偽和虛榮。他們發現自己的心靈就是高貴與低賤、榮譽與恥辱、快樂與悲傷的根源，於是這時，他們有很多仇人，但排除這些障礙的能力很微弱。在這一階段，即使他們看上去或許散漫無力，但是他們的內心正在進行一次有力的轉變。

第三，冷靜起然，泰然自若

這最後一種境界，就將前面各種境界融為一體。這時，你能夠為崇高與無情創造 —— 個匯合點。經過第二種境界「自我反省，積聚心力」之後，厚臉皮的實踐者變得冷漠且勇敢，他們把人生視為是一場必須進行的戰鬥，除此之外，別無出路，勝利是唯一的目標。他們同邪惡的外部因素平靜地進行搏鬥，同時勇敢的面對自己內心的敵人，此時，他們便能夠擺脫內心的敵人，它們的存在就不會妨礙他們的行動，因此這種超然和平靜之力讓他們得以鎮定自若、通情達理地面對人生的挑戰。

印度哲學家講過：「縱然是最偉大的鬥士，身臨戰場時也會嚇得直冒冷

汗。然而，他的身軀害怕、心境膽怯之時，靈魂卻無所畏懼。他能使自己擺脫身軀和心境的膽怯，讓靈魂無所畏懼，堅不可摧。」

當我們實踐第三種境界的厚臉皮時，將漸漸的發現靈性世界與世俗世界之間並無區別或衝突，精神力量將成為征服日復一日現實的基本器具。當我們將精神上的遠見卓識運用到無情的商業世界之中，我們也能在靈性世界與物質世界兩個方面雙雙獲得最大豐收。

求人要保持低姿態

在這個社會中生活，總有這樣的時候，掌握權不在你的手裡，而是在別人的手裡。不管你從事什麼職業，你都需要求人，都需要表現低姿態。要知道求人與低姿態是我們在生活中經常遭遇的問題，我們不應該害怕。表現低姿態與求人，表明在某些問題上，主動權不在你手裡，另一方面也說明你正在發展。

一個人在發展事業的初期，求人的時候總是特別多。正如俗話所說：「人人都有當孫子的時候。」其實這句話並不粗俗，孫子的意思就是意味著你有一個爺爺，人人都有當孫子的時候意味著你處在一個相對的人際關係之中，你在你兒子面前是父親，你在你爺爺面前是孫子。生活在社會中，有時你需要求別人，有時別人需要求你。社會本來就是這樣的。你一定要適應社會上的這種求人的現狀，否則就很難在社會上取得大發展。

如果，你認為你的事業發展到再也不用求人的地步。那你就固步自封了。這時，你必須提高警惕！求人既有它被動的一面，也有主動的一面。那說明你在奮鬥，在拼命的尋求自身的發展。在社會上，保持低姿態，這和你的道德和氣節無關，有時是你生活方式與工作方式中的一種。當你遇到一個很低的門的時候，你就必須低頭才能進去。

在生活的風風雨雨之中，你要認識到，有時求人和表現低姿態也是一種

奮鬥，所以，你要能夠平心靜氣地接受你的生活。這對於年輕人來說，學會忍受比學會抗爭是更複雜、更重要的工程。既然人人都需要保持低姿態，既然人人都需要求人，為何許多人寧可信守「萬事不求人」的古訓而把自己封閉起來呢？寧可忍受生活的某些缺陷，把問題擱置起來而不去表現低姿態，不去求人呢？

在求人之前，一些人認為別人可能會輕視你，會對你視而不見，會很傲慢的對待你，甚至會把你趕出門去，侮辱你……，這樣，你就喪失了勇氣，就退縮了。正因為如此，你就打出了「萬事不求人」的招牌，寧可忍受不辦事的麻煩、忍受不辦事的後果，也把事情擱置起來，也不去求人。其實，別人是否尊重你，別人是否重視你，這是別人的事，更是別人的權利。你不可能拿槍逼著別人重視你、尊重你，尤其是你求別人幫你的時候，你沒有選擇的餘地，你必須用低姿態去對待能幫你辦事的人。而對方也有選擇的餘地，別人完全有可能因為不需要你而忽視你，也完全有可能沒有認識到你的價值。

你如果想要成功，你就必須要有充分的心理準備，必須用平和的心態去對待這樣的事。當然，你的知識水準、身高、體重及智力狀況並不會因為有別人的誇獎與稱讚而有絲毫的變化，也不會因為別人的怠慢和輕視而有絲毫的改變。當一個人外在的實力和成就還不太突出的時候，一個人尊嚴的支撐主要靠自尊，即尊重自己。自尊是一個人的尊嚴起點與基礎。一個人首先要有自尊，然後才可能具有真正的尊嚴。我們可以想像一下，如果一個人因為別人的白眼而垂頭喪氣，因為上司的微笑就昂首挺胸的話，那麼這個人就沒有尊嚴可言了。

我們在自己還沒有足夠的實力的時候，就不可能對自己的尊嚴抱有過高的奢望，而必須依靠自己的內在的尊嚴生活與工作。記住，你有你自己的優勢，但當你在實力不足的領域中辦事，就需要求別人幫助。就好比你找醫生看病要用錢一樣，你找別人辦事也要付出一定代價的。

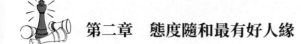

克服攀比的心理

　　所謂「人外有人，天外有天」，如果習慣和那些比自己優越的人去比較，那麼只能人比人，氣死人，因此，要想保持生活的寧靜，就要克服自己的攀比心理。

　　某機關有一位小公務員，過著安分守己的平靜生活。有一天，他接到一位高中同學的聚會電話。十多年未見，小公務員帶著重逢的喜悅前往赴會。昔日的老同學經商有道，住在豪宅，開著名車，一副成功者的派頭，這讓這位公務員羨慕不已。自那次聚會之後，這位公務員重返機關上班，卻好像變了一個人，整天哀聲嘆氣，逢人便訴說心中的煩惱。
　　「這小子，平時考試都考不及格，憑什麼有那麼多錢？」他說。
　　「我們的薪水雖然無法和富豪相比，但不也夠花了嘛！」他的同事安慰說。
　　「夠花？我的薪水賺一輩子也買不起一輛賓士」公務員懊喪的說。
　　「我們是坐辦公室的，有錢也用不著買車。」他的同事看得很開，但這位小公務員卻終日鬱鬱寡歡，後來得了重病，臥床不起。

　　攀比心理是一把刺向自己心靈深處的利劍，對人對己毫無益處。其實人比人並不會氣死人，如果可以客觀的比較，結果肯定是比上不足，比下有餘，對於任何一個人來說，都是如此。而會氣死人的原因是因為拿自己的缺點跟別人的優點比較，卻忽略了自己的優點，他們把比別人差的地方看得很重，比別人好的地方卻看得很普通，甚至忽略看不到。

　　有人會說，人怎麼可以跟比自己差的人比呢？要比，當然是跟比自己好的人比了。這句話聽起來是很積極的心態，向好的方面學習，能看到不足，然後加以改善，不好嗎？

　　當然，如果是這樣的心態的話，當然是很好，但問題是，往往自己看到別人好的地方之後，並不是開始好好努力學習，而是不斷的埋怨自己，甚至

認為自己一無是處。

與別人比並不是不好，看到別人的優點可以去學習，但是這不應該是自卑和煩惱的理由。事實上，為與人攀比而生氣的人，往往是因為自身的性格和心理上的問題，使自己產生了自卑的心理。跟心理醫生談談，或許就可以更好的了解自己為什麼會產生自卑的心態。

在一家公司當高層的老張，因為自己考核績效沒達標，薪水少了些，便耿耿於懷，終日喋喋不休，有時甚至出口大罵，已發展到精神失常狀態。朋友勸其想開些，他根本聽不進去，不久得絕症去世了。

細想起來，實在不值得。如果早些學會自我調節，看到人家事業有成時，能從中看到了努力的方向，腳踏實地，好好工作，也許下一次就薪水就能調高了。總之，如果能克服攀比的心理，結局就不會如此了。

所以，人比人是不是氣死人。就看你怎麼比，克服攀比的心理，你能坦然面對生活中的一切。

從司馬懿的故事學會韜光養晦

在三國時期，曹丕建魏後只統治了 7 年，就駕鶴西歸了，太子曹叡登基，即明帝。曹叡即位後，封三朝元老司馬懿為太尉，並且統領三軍。

這位喜歡躺在先輩創立基業上吃老本的曹叡，當上皇帝以後，就在許昌、洛陽等地大興土木，建築宮殿，大肆搜刮民財，供他享樂。不料荒淫過度，釀成疾病。35 歲時，已是骨瘦如柴，奄奄一息。為安排後事，便召宗親大將軍曹爽和太尉司馬懿到病榻前托孤，那時太子曹芳才 8 歲。曹叡就讓司馬懿拉著太子曹芳上前回答，年幼的曹芳只是抱著司馬懿的脖子不放，昏昏沉沉的曹叡見此情景，順水推舟的說：「望司馬太尉不要忘記先主之托，一定不要忘記幼子今日對你的相戀之情，要好好的輔佐！」司馬懿跪在病榻之

前，一一答應。曹叡死後，司馬懿、曹爽扶持太子曹芳登上了皇位。

　　在最初輔佐幼主時，曹爽對司馬懿還是恭敬的，遇到內外大事總是向司馬懿請示，兩大勢力也就此相安無事。但曹爽年輕氣盛，自恃是魏主宗親，又是當今的顧命大臣，慢慢就露出總攬朝政的野心。但是他知道，不掃除太尉司馬懿這個最大的障礙，是難成大事的，畢竟兵權統統握在這位司馬太尉手裡。於是曹爽以明帝的名義升司馬懿為太傅，表面上是更加尊重，實際上是奪去兵權，接著又將自己的兄弟和心腹都安插在重要的職位上，順利完成了他統攬大權的第一步。

　　司馬懿雖然被奪去兵權，可是他對軍隊還是十分有號召力的，只是目前曹爽氣盛，加上又找不到對抗的藉口，於是避其鋒芒，暫且忍耐，以自己已經年邁體衰為藉口，在家養起「病」來。

　　正所謂「百足之蟲，死而不僵」。曹爽削去司馬懿的兵權之後，對這個有重要影響力的四朝元老，他還是放心不下，隨時窺視著他的動靜。一天，曹爽派了一個將要上任名叫李勝的官員去司馬懿家，借告別之名打探虛實。司馬懿一向是老謀深算，他一聽就知道來訪者的用意。當那個官員來到司馬懿的府門要求拜見司馬太傅時，司馬懿的長子司馬師就生氣的說：「辭行，辭行，這幫走狗只恨我們不死，還有什麼好辭行的。」

　　司馬懿呵斥說：「凡事不要感情用事，他們不是來探我們的虛實嗎？我怎麼就不能將計就計，裝成要死的樣子，讓他們信以為真，不再警惕了，那時我們就能見機行事了。」

　　於是，李勝被帶進司馬懿的寢室，看見司馬懿躺在床上，一副無精打采的樣子。丫鬟正端著碗餵粥，另一個丫鬟吃力的扶著司馬懿。丫鬟餵進去的幾口粥都順著司馬懿的嘴角流了出來，搞得衣服到處都是髒物，弄的兩個丫鬟更是手足無措。直到兩個丫鬟侍奉完畢，離開寢室之後，那官員才十分恭

敬的對司馬懿說：「好長時間沒來參見太傅了，不料您竟然病得這麼厲害。」

司馬懿在他連叫數聲後才老眼微睜，有氣無力的問：「你是何人？」

來人回答說：「我是河南尹李勝，現在天子任命我為荊州刺史，特來向太傅拜辭的。」司馬懿假裝沒聽明白，一邊喘息一邊應對說：「并州嗎？君……君受屈赴任此州，它地處北方，你要好好的防守。」

那位官員見他全聽錯了，連忙說：「我是任荊州刺史，不是去并州。」司馬懿又故意錯說：「啊，你是剛剛從并州回來？」李勝提高嗓門說：「是中原的荊州」司馬懿裝作是聽懂了，一邊傻笑一邊說：「啊！你原來是剛從荊州來的！」李勝向旁邊的人說：「太傅怎麼病的這麼嚴重？」左右的人回答說：「太傅久病，如今耳朵也聾了。」李勝說：「請借給我筆墨一用。」

僕人取來筆墨與紙張，李勝把自己的來意寫在紙上，遞給司馬懿看。司馬懿看後，才斷斷續續的說：「我病得耳聾眼花，想必好轉也沒多大希望了。你這次前去荊州，希望多多保重。」說到這，用手指口，丫鬟將湯水至到他嘴邊，他無力的喝著，一半進到嘴裡，一半撒落在衣服上，還咳嗽不止，裝出一副十分疲乏的樣子。李勝見司馬懿病成這副模樣，也就沒有久留，匆匆告別。回去就急忙向曹爽報告說：「司馬懿對我赴任的地點都聽不清楚，說了好半天他才明白。」

聽完後曹爽非常高興，說：「此老要是死了，我就無憂無慮了。」從此就大膽的去為所欲為，因而放鬆了警惕。而司馬懿一看李勝離去，馬上起身對兩個兒子說：「李勝回去肯定向曹爽報告我的病情，曹爽聽了也一定會放鬆對我們的戒備，以後我們就好見機行事了。」他們果真在不久之後就借機除去了曹爽。

司馬懿父子三人在被算計及剝奪了軍權之後，處於劣勢，再加上對方還沒有完全失去對自己的戒備，在這種情勢下，假如讓對方看出絲毫不滿與反

抗的跡象，很容易引起警覺。為讓對方的戒備鬆懈，避免遭禍殃，最妥當的辦法就是盡力設法製造假像，迷惑對方，麻痺對手，為達到這一目的，司馬懿不惜裝作病入膏肓、不可救藥的樣子，一退再退，一直退到「不打自倒」的程度，不僅有效的避敵鋒芒，還可以使對方產生了他的勁敵將自生自滅、不用顧及的錯覺，從而達到不僅保護了自己、還等到了好時機。

韜光養晦本義是隱藏鋒芒，收斂鋒芒，成功者都善用韜光養晦之術，因此，用此計謀的人處事不會張揚，而是有著深藏不露的心機。

可是，韜光養晦的目的是積蓄實力，不是為了藏而藏，而是等到時機成熟時再出擊。因此這策略的關鍵就在於平時一定不能過於顯露，韜光養晦可以讓對手疏於防範，在敵我的鬥爭中，假如對手認為你對他的威脅很大，他就會對你處處留心，處處防範，讓你沒有辦法按照計畫辦事，想讓你的對手對你不再加以防範，你就要做到韜光養晦，讓對手以為你對他真的沒有威脅。

看輕面子放下架子

有一位很有威望的學者講得好：「面子是卑微的鏡子，架子是愚昧的影子。」有「面子」很風光，有了「面子」可以提高自己的形象。但「面子」是給別人看的，是子虛烏有的東西，當我們在做事的時候，講究「面子」是會很礙事的。蓋樓需要搭架子，架子可以把人抬到與樓一樣高，沒有了架子，人就會落到地面，根本達不到那樣的高度。但有了「架子」很不方便，不能做動作，各個方面都很不靈活。所以，不管是面子還是架子都是那麼的虛弱無力，讓人難受！

有一位技術非常精湛的退休機械工程師，他非常關心做事的精確度，甚至於到了苛刻的程度。在他看來，如果別人在他面前找出了自己的錯誤，那簡直就是天大丟臉的事情，所以平時他最喜歡說的一句話是：「你不可以在

別人面前丟臉」，但事實上，每個人都會出錯，這位工程師也不是聖人，他也一樣，但他為了保全面子，即使他心裡知道自己做錯了事，也會在大庭廣眾之下裝出一副事不關己的樣子，更可笑的是，他對不知道的事情也會裝出一副很懂的樣子，很多人都知道他不懂裝懂，在他身邊工作的人也都受不了這一點，因此，這位工程師失去了很多人的喜愛和尊敬。

　　華人喜歡用面子維護自己的尊嚴。一直遵從「士可殺而不可辱」、「三軍可奪帥，匹夫不可奪志」、「寧為玉碎，不為瓦全」、「寧可站著死，不願跪著生」、「腦袋掉了可以，但絕不能沒有面子。」歷史上，有個故事說：

> 西楚霸王項羽和劉邦爭奪天下，項羽兵敗跑到烏江，本來他是可以乘坐漁船逃走的，但因為他覺得沒有面子回去面對江東父老，結果選擇了自刎。雖然說他的死成全了他的面子，但卻使他喪失了東山再起的機會。他完全沒有運用留得青山在，不愁沒柴燒的古訓而力圖再起。

　　現實生活中，翻蓋手機很流行，它為什麼那麼流行呢？原來也是與愛面子有關係。面對翻蓋式手機尤其是韓國三星、中國的 TCL 的兇猛攻勢，直板式手機的集大成者諾基亞，直到 2004 年下半年才推出了翻蓋手機。西方的手機廠商不明白，為什麼翻蓋手機可以在華人地區流行，而在西方的接受程度卻非常低，後來，一位手機經銷商揭開了這個祕密 —— 翻蓋式手機在開合時會發出一聲脆響，容易引起旁人的關注，所以更有面子。

　　我們要根據情況掌握，面子既不能不要，也不能都要，否則有的時候，自己為了要面子，實際上往往是丟了面子。在很多時候，我們不得不承認，正是「面子」把人拒之於財富和機會的門外，有許多人在失去工作後，寧願呆在家裡吃老本，也不願二次就業，他們也是為了自己的面子，或者重新找工作的時候，挑肥揀瘦，嫌髒怕累、只為了「面子」，殊不知作為一個有勞動能力的成年人，能夠自食其力才是最基本的面子。同樣，架子也不能總端

著，該放的時候也要放一放，我們身邊有不少這樣的人：被過去的背景、學識、專長所局限，放不下架子，結果落到進退兩難的光景。

有一個農場想築圍籬，農場主人就雇了一個工人，他們在建築籬笆的時候，農場主人手裡拿的一根木柱突然掉落到泥坑裡，泥水弄髒了他們的衣服，農場主人雖然表現得很狼狽，但似乎是故意這樣做的，當時站在屋內洗碗的女主人看到了這個情形，很好奇的問他為什麼故意扔掉棍子。農場主人回答說：「我也不想這樣做，但那個年輕人穿著新工作褲，整天只顧保持褲子的乾淨而沒有好好築圍籬。你有沒有注意到泥水濺髒了他的工作褲後，我們的工作快了很多呢！」

其實，故事中包含的道理顯而易見，可現實中卻往往被人忽視。

到現在，教育已經很普及了，大學生也不再是寥寥可數。因此，平時像住在象牙塔里的莘莘學子們在走出校門步入社會找工作時，應放下「天之驕子」的架子，從零開始，先解決生存問題，再謀發展，不應該為找不到好的，或者是沒面子的工作而感覺掉架子。這種心態使許多大學生高職位達不到、低職位不去的狀態，別說實現自我價值，連生存問題都解決不了，所以才有這麼一說：「畢業即失業」。

不過聰明和有智慧的大學生還是有的，一名後段班科大畢業生，剛開始在一家公司應徵了一份低薪的體力工作，幾個月後，老闆逐漸發現其能力不俗，於是委以重任，而這名學生因為有了基層工作的累積，在高階主管的位子上當然做得更如魚得水。

面子和架子雖然是兩個不同的概念，但卻有著密不可分的關係，有些人認為放下架子就會丟了面子，有了面子就可以端起架子，殊不知，如果真能放下架子，說不定會有更多的面子，我們所要做的就是最大限度的利用自己的智慧實現自我價值，這才是最主要的。

克服心裡罪惡感

許多人一生都渾渾噩噩，以至於抑鬱而終，因為他們不能克服人類心裡最惡劣的敵人 —— 罪惡感，就是我們對於道德意識的病態心理。

要是不能克服罪惡感，就會導致心理疾病，但是，只要能征服罪惡感，你就可以重新建立自信，獲得更大的成就，取得生命中更多美好的東西。這裡舉個例子，說明一個人是怎樣逃脫罪惡感的捆綁，回歸到更加豐盈充實的生活中來的吧：

麗絲告訴大家一段經歷，關於她怎樣強迫自己推銷，接著又為何停止她的工作。

她說：「我在一家石油開採風險公司做推銷工作，負責推銷股份。公司負責為我安排可能投資的客戶，他們都是有點錢的人。」

麗絲繼續說：「交給我的推銷計畫是快速把提案解釋完，速戰速決。要是客戶不願意投資，或者需要點時間來考慮，我得到的指示是做一些堅定的表示，就像說：『公司向我保證過，你付得起這項絕好的投資事業，這不過只有 4000 元，很顯然，你付不起。要是你真的付不起，我不過是在這浪費時間罷了。』反復講這類話，為的是把客戶的心思拉離問題的關鍵。用話來逼迫他們投資。然後下步就是結束推銷。經過這樣的操作，事情就簡單多了。」

麗絲坦率的承認，「就抽取傭金的問題，我做的還算不錯。可是當我在推銷時感覺很不好，因為我知道，公司基本難以勘探石油或天然氣。但是真正使我沮喪的是那種推銷術，不單是投資者遭受損失，更可惡的是，我感到自己有種罪惡感。」

有人問，「那你又怎麼做呢？」

「我又加入了另一家公司」麗絲回答說，「在那裡，最基本的要求是，推銷員一定要詳盡的解釋所含的風險如何，並且絕不允許採用哄騙強迫的方法讓

顧客加入投資的行列。每年我們都有一個新的開採計畫，使我們能夠回去找老顧客，這種方法很值得使用，因為重複銷售才是我們這一行的生命線。」

有人接著問，「你在這家新公司做得怎樣？」

「我的成交率很高，賺了更多的錢，因為我這種方式讓很多客戶反復買了好幾次，可另外一種強迫式的推銷，客人常常只會買一次，就沒有下文了，更關鍵的是我心裡平靜多了。現在我簽合約時，不再感到罪惡或骯髒。反之，我引以為榮，因為我是在幫助他們，同時他們也在幫助自己。」

由此得出一個結論：「都是那些騙子敗壞了推銷的名聲。真正聰明的推銷員會盡力為顧客服務，讓他們心甘情願的下次再來。上一次當，是你的錯，上兩次當，是你活該。」

所以，不論從事何種行業、年紀如何，都不要以騙人為樂趣，為職業，因為，你明白長期行騙下去最後的結局。與其後來受傷，還不如從現在開始就把那種罪惡感拒之於門外，從而贏得別人的擁護與信賴。

誇人要誇到好處

常言說：「抓要抓到癢處，誇要誇到點上。」

為貓抓癢時，當你抓不對的地方，或者牠歪著頭，對著你的手，希望你搔到牠癢處，但你還是搔不對的時候，牠就很可能不耐煩的咬你一口。小王就犯了這個說不上低級也算不上高級的毛病，他沒弄清記者辦公室裡的人際關係，結果適得其反。事情的原委是這樣的：

為了表示友好，他當著李小豐的面讚美張華，他以為張華是李小豐的同事，讚美張華，李小豐一定會很高興。但他沒有料到的是，正因為李小豐跟張華是同一個部門，又是同等職位，他們便成了競爭最激烈、最有心結、最互相忌諱的人。

　　現在，小王竟然讚美張華，還是當著李小豐的面，李小豐當然很不高興，氣得大罵。他想：「你既然這麼欣賞張華，何必找我？你去找他啊！不認識？簡單，我介紹，看，我多大方！不但給你電話，還幫你把資料帶到。」於是，李小豐把資料往張華面前一扔，同時也把小王推給了張華。那麼作為被誇獎的張華又如何呢？他是不是就是對小王加倍關注和幫助呢？答案是否定的。因為作為對手的李小豐，不可能把小王對張華的讚美轉告給他。

　　接到資料的張華心想：「你李小豐既然收到了資料，為什麼不做這件事？你看不上對不對？還是你懶、你忙，所以丟給我？對！產品是不差，值得做，可是你為什麼不做？這裡頭有沒有鬼？還有我做了，人家謝誰？只怕面子給你了，你還對那小子說我是你的下屬呢！我才不管呢！」結果弄得小王兩頭燒，什麼事也沒辦成。

　　誇人有時比罵人還難，就因為當你罵人的時候，你有防備，知道對方可能會反擊，所以你已經做好了再反擊的準備。但在你誇人時，就好像與對方站到了一起，好像你們成了好友，你不會想到什麼時候對方會突然反戈一擊。所以有句話說：「馬屁拍在了馬腿上。」如果真的拍到了馬腿上，能好嗎？除了被踢，還能有什麼！

誠信是最寶貴的財富

　　人要恪守誠信，便要對自己的承諾履行責任和義務，做到言必信，行必果。承諾，是一件非常嚴肅的事情，對不應辦的事情或辦不到的事，千萬不能輕率應允。因為一旦許諾就要去兌現。講究誠信是一種美德，是人生最寶貴財富。《鬱離子》中有這樣一則故事：

　　濟陽某商人過河時，船沉遇險，他拼命呼救，漁人聞聲而來。商人許諾：「你如果救我，我付你 100 兩金子。」漁人把商人救上岸，商人只給了

漁人 80 兩金子，漁人責怪商人言而無信，商人反責漁人貪婪。漁人無言走了。後來，這商人又乘船遇險，再次遇上漁人。前次救商人的漁人對旁人說：「他就是那個言而無信的人」。眾漁人停船不救，最後商人淹死在河中。輕諾寡信，言而無信最終只會釀下惡果。商人當初少付 20 兩金子到頭來卻賠上了自己的性命。講求信譽是最為明智、最為高明的做法。

奧斯曼‧艾哈邁德 (Osman Ahmed Osman)，出生於埃及伊斯梅利亞城，幼年喪父由母親撫養長大。1940 年，他以優異的成績畢業於開羅大學，並獲得工學院學士學位後，回到了伊斯梅利亞城。他想自謀出路，當一名建築承包商。但奧斯曼當時身無分文，只好在舅父的承包行裡棲身。1942 年，他離開了舅父，開始了自己成為建築承包商的夢想，雖然手裡僅有 180 埃鎊，卻籌辦了自己的建築承包行。

為什麼奧斯曼會有如此的魄力呢？因為，奧斯曼相信事在人為，人能改變環境，不應成為環境的奴隸。根據在舅父承包行所獲得的工作經驗，他確立了自己的經營原則：「謀事以誠，平等相待，信譽為重。」創業初期，奧斯曼不管業務大小、盈利多小，都積極爭取。他第一次承包的是一個極小的專案，他為一個雜貨店老闆設計一個店面，合約金只有三埃鎊，但他沒有拒絕這筆微不足道的買賣。他設計的店面滿足了雜貨店老闆的心意，雜貨店老闆逢人便稱讚奧斯曼，於是，奧斯曼的信譽逐漸上升，重信用的經營原則使奧斯曼獲得了顧客的信任，他的承包業務也因此蒸蒸日上。

1950 年代，海灣地區發現大量石油並進行了開發，各國統治者相繼加快了國家建設的步伐。他們需要擴建皇宮。修築公路，這給了奧斯曼一個歷史性的機會，他以創業者的遠見率領自己的公司進入了海灣地區。面見沙烏地阿拉伯國王後，他陳述自己的意見，並向國王保證他將以高品質、低投標、講信譽來承包工程。想當然的，沙烏地阿拉伯國王答應了奧斯曼的請求。後

來，奧斯曼請國王主持工程完成儀式時，國王對此非常滿意。講究信譽，保證品質的為人處世方法和經營原則使奧斯曼的影響不斷擴大。幾年後，奧斯曼在科威特、約旦、蘇丹、利比亞等國家發展了自己的分公司，成為享譽中東地區的大建築承包商。雖然，奧斯曼講究信譽的做法在一定情況下可能會使自己吃虧。但有虧必有盈，此外吃虧還給其長遠事業發展帶來積極和長遠的影響。

1960 年，奧斯曼承包了世界上著名的亞斯文水壩工程。這個工程的地質構造複雜、氣溫高、機械老化等不利因素都給建築者帶來了重重困難，從所獲得的利潤來說，承包亞斯文水壩工程還不如承包別的建築，但奧斯曼為了國家和人民的利益，克服了一切困難，完成了亞斯文水壩第一期的工程。但隨後卻發生了一件奧斯曼意料不到的事情。

納賽爾總統於 1961 年宣布國有化法令。私人大企業被收歸國有。奧斯曼公司在劫難逃。國有化後，奧斯曼公司每年只能收取利潤的百分之四、奧斯曼本人的年薪僅 3.5 萬美元，這對奧斯曼和他的公司都是一個沉重的打擊。但奧斯曼沒有忘記自己的諾言，始終盡心盡負的修建亞斯文水壩。

奧斯曼對亞斯文水壩所做的卓越貢獻終於得到了納賽爾總統的讚賞，在 1964 年他授予奧斯曼一級共和國勳章。奧斯曼保全了自己的形象與自己的處事原則。1970 年薩達特執政後，發還了被國有化的私人財產。奧斯曼公司影響擴大，參加了埃及許多大工程的單獨承包，成為了馳名中東的億萬富翁。

奧斯曼講究誠信的為人方法，不僅使他在商界獲取了巨大的成功，還使他在政界大放異彩，其關鍵在於他牢固的樹立了自己的誠信形象。奧斯曼進入內閣後，成為薩達特總統的得力幹將。1977 年，奧斯曼的兒子和薩達特的女兒成為夫妻，奧斯曼與薩達特成為親家，來往更加密切。1981 年，薩達特任命奧斯曼為人民發展事務的副總理，負責制定全國發展計畫。奧斯曼同時

被民族民主黨人民發展委員會選為主席。

因為講求誠信，奧斯曼做事對人都是直言不諱。1981年奧斯曼出版了《我的經歷隨筆》，書中直接指控已故總統納賽爾，抨擊了納賽爾執政期間的做法。這引起了納賽爾親信們的不滿，埃及議會準備成立調查委員會，對奧斯曼進行調查。薩達特總統急忙會見奧斯曼，商討對策，最後決定：為了平息風波，息事寧人，停止該書的發行，奧斯曼被迫辭去副總理。穆巴拉克任總統後，鑑於奧斯曼在埃及和阿拉伯世界的影響以及他擁有雄厚資金，仍讓其擔任民族民主黨人民發展委員會主席。1984年，他當選為人民議會議員。

通過奧斯曼的成功史，我們可以看到：「誠信是我們一輩子最寶貴的財富。」

所以，日常生活和工作、學習當中，我們應該誠信，因為誠信是我們用之不竭的財富，你失去了誠信就會失去別人的信任，而只有你擁有誠信，你的一生才會坦蕩，從而也會收獲到你意想不到的果實。

第三章　有好的情緒，給別人帶來樂趣

　　我們要多想好的東西，多做快樂的事，要有良好的情緒。好的情緒可以使人積極向上，樂觀愉悅，辦事果斷，創新求知，充滿靈感；不良的情緒則使人產生疲勞衰頹，甚至導致疾病。因此，有好的情緒不光會使我們快樂，還會無形中給別人帶來快樂、樂趣。

心往好處想才會快樂

　　人生在世，雖然只有短短幾十年，卻要經歷各種好事、壞事，嘗遍酸甜苦辣各種滋味。

　　生活是美好而沉重的。人生，是有苦又有樂的，是豐富多彩又艱難曲折的，就像白天與黑夜的互相交替一般。快樂時如春風得意馬蹄疾，一日看盡長安花，快樂的人連路邊的鳥兒都在為他歌唱，花兒都似專為他開放；痛苦時，落日西風，萬念俱灰，睡夢中也在滴淚。

　　人總是避苦求樂的，都希望快樂度過每一天，但生活本身就充滿酸甜苦辣，快樂和痛苦本是同根生。當你快樂時，不妨留一片空間，以接納苦難；當你痛苦，不妨想到往昔的快樂。

　　心往好處想，才能幫我們衝破環境的黑暗，打開光明的出路，才能獲得更多更大的人生樂趣。在困頓、苦難面前，一味哭喪著臉，除了磨掉自己的銳氣外，是不會賺到任何同情的眼淚的。只有在寒冷中顫抖的人，才最能感受到太陽的溫暖，也只有從痛苦的環境中擺脫出來，才會深深感覺到這個世界的美好。就像火車過隧道，即使在黑暗中，也要看到前方的光明。

　　曾經有兩個囚犯，從獄中望窗外，一個看到的是冷森的高牆，一個看到的是蓬勃的朝霞。面對同樣的遭遇，前者心中悲苦，看到的自然是滿目蒼涼、毫無生氣；而後者心往好處想，看到的自然是霞光滿天，一片光明。

　　人生的道路雖然不同，但命運對每個人都是公平的。窗外有土也有星，有快樂也有痛苦，就看你能不能咬定青山不放鬆，心往好處想。

　　哈佛大學的心理學教授拉姆・達斯（Ram Dass）曾分享一個經驗：

　　一個因病入膏肓，僅剩數周生命的婦人，整天思考死亡的恐怖，心情壞到了極點。拉姆・達斯去安慰她說：「你是不是可以不要花那麼多時間去想死，而把這些時間用來考慮如何快樂度過剩下的時間呢？」

剛開始他對婦人說時候，婦人顯得十分惱火，但當她看出拉姆‧達斯眼中的真誠時，便慢慢的領悟著他話中的誠意。她略顯高興的說：「說得對，我一直都在想著怎麼死，完全忘了該怎麼活了。」。一個星期之後，婦人還是去世了，她在死前充滿感激的對說：「這一個星期，我活得比前一陣子幸福多了。」

「苦樂無二境，迷誤非兩心」，婦人學會了心往好處想，所以便能在離開人世前感受到一絲幸福，並快樂的合上雙眼，如果她仍像以前一樣，一味想死，那只能是痛苦的離開人世。

心往好處想，不論何時、不論何事，只要活著，就要心往好處想。人生可以沒有名利、金錢，但必須快樂。心往好處想，才能時刻快樂。

不在失意者面前得意

好像我們大多數人都有這麼一個本性，在有點成績的時候就喜歡吹捧自己，誇獎自己，往往認為自己的學識高人一籌。每遇親朋好友，就迫不及待的大肆吹噓自己的心得、經驗，卻不知這樣常令一旁聽的人不知所措，是否該繼續聽下去，還是打斷你。舉個例子來說，一個被老闆稱讚的人，對那些被老闆責罵的同事，很可能會揶揄他一番：「你怎麼能被老闆責罵呢？你看看我！老闆時常誇獎我。」這話傳到對方的耳裡，肯定不會讓他感到愉快的。所以，每逢開口說話，不管是什麼內容，都要注意別在失意者面前得意。

一位先生約了幾個朋友來家裡吃飯，這些朋友平日裡都是彼此熟識的。他們來主要是想借著熱鬧的氣氛，讓一位目前正陷低潮的朋友心情好一些。因為這位朋友不久前因經營不善，關閉了公司，妻子也因為不堪生活的壓力，正與他談離婚的事，大家為了讓他重振旗鼓，便籌畫了這場聚會。這位朋友看起實在是痛苦極了，來吃飯的朋友都知道他目前的遭遇，所以大家都

儘量避免去談與事業有關的事，可是其中一位朋友因為目前賺了很多錢，酒一下肚，忍不住就開始談他的賺錢本領和花錢功夫，那種得意的神情，在場的人看了都有些不舒服，尤其是那位失意的朋友一直低頭不語，臉色非常難看，一下去上廁所，一下去洗臉，到後來他提早離開了。一出門，他憤憤的說：「老吳會賺錢也不必在我面前說得那麼得意。」

　　你看，當你在別人失意的時候談及自己的能力，是多麼不對的示範，這不但讓人對你產生厭惡，也會使得自己失去朋友。

　　我們每個人都會經歷人生的低谷，人人都會遇上不如意的時候，這時，在失意的人面前炫耀自己的得意之處，無異於把針一支支的插在別人心上。既傷害了別人，對自己也沒有什麼好處。因此提醒你，與人相處，切記不要在失意者面前談論你的得意，如果你正得意，那麼我們就低調一些吧，不要到處張揚自己的成就，也不要到處顯耀自己的才幹。當然，如果你想談的話，就要選對角色和場合，你可以在演說的公開場合談，享受別人投給你的羨慕眼光，但切記不要對失意的人談，因為失意的人最脆弱，他們需要的是安慰和鼓勵，而不是你成就對他的炫耀！你的談論在他聽來都充滿了諷刺與嘲弄的味道，讓失意的人感受到你「看不起」他。當然有些人不在乎，你說你的，他聽他的，但這麼豪放的人不太多。因此你所談論的得意，對大部分失意的人是一種傷害，這種滋味也只有體驗過的人才知道。

　　當你有了得意事，發了財或是一切順利，切忌在正失意的人面前談論。就算你面前沒有真失意過的人，但總也有情況不如你的人，你的得意還是有可能讓他們起反感，人總是有嫉妒心的，所以，得意之時就少說話，做人低調一些，別人會給你不一樣的眼光，這樣你也能得到更多的人的愛護和擁戴！

人人都喜歡被讚美

先來看一下，美國「化妝品皇后」玫琳‧凱借的成功之道，她就是她善於用讚美來激勵自己的員工：

> 公司裡有一位推銷員，雖然很有能力，但由於經驗不足，所以在兩次展場會上都沒有什麼大的業績。但在第三場展場上，她終於賣出了 35 美元的東西。在大多數人眼中，這數目也許不值一提，但玫琳‧凱卻稱讚她說：「你這次賣出了 35 美元，比前兩次強多了，真棒！」
> 老闆誠懇的讚揚，令這位推銷員心裡熱呼呼的。通過後來不懈的努力，她終於成為了一名著名的推銷員，財富與名望都不斷增加。

人人都渴望讚美。喜歡聽好話受讚美是人的天性之一。對來自社會或他人的讚美，每個人都會在自己自尊心和榮譽感方面得到滿足。所以，當聽到別人對自己的讚賞時，我們在感到愉悅和鼓舞的同時，還會對說話者產生親切感，從而使彼此的心理距離縮短、靠近。人與人的融洽關係也就從這裡開始了。人人都喜歡被讚美，誰都不例外。喜歡別人讚美是人的一大本質特點。讚美之於人心，猶如陽光之於萬物。

美國哲學家約翰‧杜威（John Dewey）說：「人類最深刻的衝力是做一位重要人物，因為重要的人物常常能得到別人的讚美。」林肯的相貌算得上是數一數二的醜陋，但他卻知道讚美的重要性，他曾以這樣一句話作為一封信的開頭：「每個人都喜歡讚美的話，你我都不例外……」。

法國大革命時期的風雲人物拿破崙，就是一位具有高超的統率和領導藝術的政治家。對士兵，他主張「不用皮鞭而用榮譽來進行管理」。認為一個在夥伴面前受到體罰的人，是不會效命疆場的，為激發和培養官兵的榮譽感，拿破崙對每一位立了戰功的官兵，都大大嘉獎，授旗贈章，甚至在全軍進行廣泛宣傳，通過這些讚揚和變相的讚揚，來激勵官兵勇敢的戰鬥。

查理斯‧斯科爾特是美國商界中，年薪最早超過 100 萬美元的管理者。在 1921 年，他被安德魯‧卡內基選拔為新組建的美國鋼鐵公司第一任總裁，當時他才 38 歲。由於當時沒有個人所得稅，且人們收入水準普遍較低，所以，100 萬美元相當不菲。

　　為什麼斯科爾特能夠獲得如此高的年薪呢？他是天才嗎？當然不是，斯科爾特親口說過，對於鋼鐵怎樣製造，他手下的許多人比他懂得還要多。但對於成功，斯科爾特是這樣說，他之所以能夠拿到這麼高的年薪，是因為他懂得跟別人相處的祕訣，雖然那只是一句話，但這句話應該套用在世界任何一個有人的地方，而且，每個人都要能背下來，因為它能改變我們的生活。他說：「我認為，能夠鼓舞員工的能力，是我擁有的最大的個人資產。讓一個人發揮出最大能力的方法，就是讚美和鼓勵他人。」

　　斯科爾特說：「我曾在世界各地見到過許多大人物，但是，至今我還沒有發現任何人，無論他多麼偉大，地位多麼崇高，在被贊許的情況下，會比在被批評的情況下工作成績更佳、更賣力。」生活中，沒有人不愛被讚美，只有不會去讚美的人。萊因是德國的一位圖書推銷高手，他曾經說：「我能讓任何人買我的圖書。」他推銷圖書的祕訣只有一條：讚美顧客。

　　一次，他出去推銷書籍，遇到了一位非常有氣質的小姐。那時候，比恩‧萊因剛剛開始學會讚美別人。當那位小姐聽到萊因是推銷員時，不高興的說：「我知道你們這些推銷員專挑好聽的說，很會奉承人，不過，我是不會聽你的鬼話的。你還是省點時間和嘴皮吧！」

　　「是的，您說得很對，推銷員是專挑那些好聽的詞來講，說得別人昏頭昏腦的，像您這樣的顧客我還是很少遇到，特別有自己的主見，從來不會受到別人的支配。」萊因微笑著說。

　　這時，細心的萊因發現，那位小姐的臉由陰轉晴了，接下來，她問了萊因很多問題，萊因都一一回答。最後，萊因高聲讚美道：「您的形象使您具

有高貴的個性，而且您的言詞反映了您有敏銳的頭腦，而您的冷靜又襯出了您的氣質脫俗。」

聽到這裡，小姐開心的笑出聲來，很爽快的買了他一套書籍，再後來，她又在萊因那裡購買了上百套書籍。隨著推銷圖書經驗的日漸豐富，比恩‧萊因總結了一條人性定律：「沒有人不愛被讚美，只有不會讚美別人的人。」

一天，萊因到某家公司推銷圖書，辦公室裡的員工選了很多書，正要準備付錢的時候，忽然進來一個人，大聲說：「這些書，跟垃圾似的，到處都有，買它幹什麼？」萊因正準備向他微笑的時候，他一句話沖了過來：「別給我推銷，我保證我肯定不會要。」

「您說得很對，您怎麼會要這些書呢？明眼人一下子都能看得出來，您一定讀了很多書，很有文化氣質。要是您有弟弟或者妹妹，他們一定會以您為榮為傲，一定會很尊重您的。」萊因微笑著，不緊不慢的說。

那位先生有點興趣的問道：「你怎麼知道我有弟弟妹妹的？」。

「因為當我看到您，您給我的感覺就有一種大哥的風範，我想，誰要是有您這樣的哥哥，誰就是上帝最眷顧的人！」接下來，那人便以大哥教導小弟的語氣說話，萊因則像對大哥那樣對對方尊敬的讚美著，兩人聊了十多分鐘。最後，那位先生以幫助萊因這位兄弟工作為由，為他自己的親弟弟選購了五套書。

在當天的日記中，萊因這樣寫道：「其實，我心裡很明白，只要能夠跟顧客聊上三分鐘，他就不可能不買我的圖書。因為，不論做人，還是做事，要改變一個人，最有效的方式就是，傳遞信心，轉移情緒。」同時，他還寫下這樣一條人性定律：「人是受感性左右的理性動物，一個人的感性如果被理性控制住了，那麼，他想拒絕你比接受你還困難。要想迅速控制一個人的感性，最有效、快捷的方法就是適時的讚美別人。」學著真誠的讚美別人吧，這也許是世界上最好的人際關係潤滑劑。

忍耐是種處世方式

一種善於忍耐的處世之道是不慍不火。俗話說：「忍人之所不能忍，才能為人所不能為。」將忍耐視為一種做人的分寸是成熟老練的人所追求的。

白居易是唐代的大詩人，他說：「孔子之忍饑，顏子之忍貧，閔子之忍寒，淮陰之忍辱，張公之忍居，婁公之忍侮。古之為聖為賢，建功樹業，立身處世，未有不得力於忍也。凡遇不順之境者其法諸。」所以說，學會忍耐是很重要的。不過，當忍耐摻進了陰柔，變成了一種與世無爭、相安無事、苟且偷安的處世哲學之後，那麼它就走向相反的一面。

對此，林語堂先生曾經這樣批判：「遇事忍耐是中國人的崇高品質，凡對中國有所了解的人都不否認這一點。然而這種品質走得太遠了，就導致成了中國人的惡習。中國人已經容忍了很多西方人從來不能容忍的暴政、動盪不安與腐敗的統治，他們理所當然地認為這些也是自然法則的其中一部分。」

確實，若讓忍耐烙上了安命不爭、保守、落後、平庸、易滿足、缺乏進取心、老衰退化、奴性、軟弱、過於自卑等痕跡，那麼，這樣的忍耐就變了質，一定會叫人憋氣，叫人難受，叫人痛苦，叫人窩囊……。

可是，什麼樣才叫「會忍耐」呢？即怎麼樣才叫能忍、會忍、善忍呢？將忍耐作為一種謀略，「小不忍則亂大謀」是指忍的原則，「一忍可以抵百勇，一靜可以制百動」用來指忍的效果。　老子關於禍福關係的論述，被後人廣為傳頌，那就是「禍兮，福之所倚；福兮，禍之所伏」。因此，身處逆境，置身禍中，也要學會忍，「百忍成鋼」，在逆境中要學會忍，才能成就大事，忍得一時苦，方為人上人。

孟子也說：「天將降大任於斯人也，必先苦其心志，勞其筋骨，餓其體膚，空乏其身，行拂亂其所為。所以動心忍性，增益其所不能。」遭受一番

苦難，忍一忍，熬過去，就可以接受上天將降之大任了。在困境中要甘於承受一切，這種忍耐是一種達到某一種志向的手段，是為達到某種「大謀」的隱忍，絕不是為忍而忍。這種忍耐變得毫無積極意義可言是當人們將忍耐看做是唯一的目的時，當忍耐變成逆來順受、失去抗爭的時候。

正確而積極的忍耐，絕不是意味著自我的萎縮。人格雖渺小，但它只是將可貴的、獨立的自我暫時隱藏起來，仍在（悄悄的）做著自己想做的事。這種人的忍耐，柔中帶剛，軟中透硬，不以犧牲自己獨立人格為代價，不苟安偷生，不窩囊、不奴性，所以也就沒有失去它原有的意義。

保存自己力量的重要手段也是忍耐。當敵我之間的力量太懸殊、正義和邪惡之間的勢力差距太大時，忍耐，便作為一種最為明智的退卻手段，不硬拼，不消磨自己的元氣，把力量慢慢的蓄積起來。所以這種忍耐，絕不是向傳統的習慣勢力、落後勢力妥協與投降，一旦時機成熟，羽翼豐滿了，翅膀硬了，爪子利了，就會猛然一擊，乘其不備，讓邪惡徹底消滅，永不翻身。

在《菜根譚》有一句話是這樣說的：「處世讓一步為高，退步即進步的根本，待人寬一分是福，利人實利己的根基。」忍住自己的私欲、怒火，實際上就是在幫助你自己成就你的大事業。學學唐朝詩人張公的《百忍歌》吧，朋友，要想學會忍耐，學會不慍不火的處世之道，就要做到如歌中所說吧。百忍歌，歌百忍，忍是君子之根本，忍是大人之氣量。

能忍夏不熱，能忍冬不冷。

能忍貧亦樂，能忍壽亦長。

貴不忍則傾，富不忍則損。

不忍小事變大事，不忍善事終成恨。

父子不忍失慈孝，兄弟不忍失愛敬。

朋友不忍失義氣，夫婦不忍多爭競。

劉伶敗了名，只為酒不忍。

陳君滅了國，只為色不忍。

石崇破了家，只為財不忍。

如今犯罪人，都是不知忍。

古來創業人，誰個不是忍。

作為一種老道的處世方式，忍不等於消極躲避，不等於甘願受欺。它是一種韌性的戰鬥技巧，是一種韜光養晦的鬥爭方式。

忌妒的心理

心理學家認為，忌妒是一種病態心理，它不僅反映了一個人不良的思想情操和道德品質，還可導致某些功能性或器質性疾病。伯特蘭‧羅素（Bertrand Arthur William Russell）是 20 世紀聲響卓著、影響深遠的思想家之一。

1950 年諾貝爾文學獎獲得者。他在其《快樂哲學》一書中談到忌妒時說：「儘管忌妒是一種罪惡，它的作用儘管可怕，但並非完全是一個惡魔。人們在黑夜裡盲目的摸索，也許會走向一個更好的歸宿；也許只是走向死亡與毀滅。要擺脫這種絕望，尋找康莊大道，必須像他已經擴展了的大腦一樣，擴展他的心胸。他必須學會超越自我，在超越自我的過程中，學著像宇宙萬物那樣逍遙自在。」其實，忌妒是自卑的一種表現，是不健康的心態。忌妒心理總是與不滿、怨恨、煩惱、恐懼等消極情緒聯繫在一起，構成忌妒心理的獨特情緒。

嫉妒有多種表現，譬如：紅眼、醋意、怨怒、沮喪等，忌妒心理發展到一定程度會使人做出蠢事。忌妒的人常自尋煩惱，既損人又害己。在有些忌妒者的心目中，覺得別人成功了，會貶低自己，便千方百計貶低他人以求自

慰。有些極端忌妒者的內心感到：別人幸福是他的痛苦，別人遭殃令他舒暢，別人的才能令他如鯁在喉，別人成功了，他便滿肚苦水。

忌妒心理在四個方面表現得尤為突出，分別是名譽、地位、錢財、愛情。古希臘斯葛多派的哲學家認為：「忌妒是對別人幸運的一種煩惱。」因此，那些慣於忌妒別人的人無異於是在自尋煩惱。忌妒心理的對抗特徵具有明顯的攻擊性，其攻擊目的在於顛倒被攻擊者的形象，甚至本來關係密切。因而不看別人的優點、長處，卻總是挑別人的毛病，甚至不惜顛倒黑白、弄虛作假。

一般說來，除了輕微的忌妒僅表現為內心的怨恨而不付諸行為外，絕大多數的嫉妒心理都伴隨著發洩行為。主要有三種方式：言語上的冷嘲熱諷、行為上的冷淡，疏遠、行為上的強攻擊性。

由於社會道德的壓力，忌妒心理被大多數人所不齒，使忌妒者一般不願將忌妒心理直接的表露出來，而是千方百計的偽裝，企圖使人不易察覺。如本來是忌妒某人的某一方面，卻不敢直言，就會故意拐彎抹角的從另一方面進行指責或攻擊。

如果我們總是生活在自卑當中，不能正確認識自己，就會有處處不如人的想法，於是就容易產生忌妒心理。要知道，忌妒總是伴隨著自卑而來的。

有人說：「忌妒者無不以害人開始，以害己而告終。」忌妒的危害，在傳統醫學早就有過論述，《黃帝內經‧素問》明確指出：「妒火中燒，可令人神不守舍，精力耗損，神氣渙失，腎氣閉寒，鬱滯凝結，外邪入侵，精血不足，腎衰陽失，疾病滋生。」

忌妒孫臏的龐涓在馬陵之戰中計身亡，貽笑天下；《三國演義》中的周瑜，因為嫉妒神機妙算的諸葛亮而被活生生的氣死；《水滸傳》中的白衣秀才王倫容不得一個比自己高明的人才，也死於林沖的刀下。

有一則報導是這樣說的：

某大學有一位學生，他的成績一向優秀，是學校中的佼佼者，正當他自認為是最優秀的人時，別人已經悄悄的超過他了。這時，他理應奮起直追，可惜他並不自覺，反而產生了一種越來越強的忌妒心，容不得別人超過自己。腦子裡萌生出了一種邪念，決定去「報復」他人，不讓他人有好成績。開始，只是偷別人的書籍，當別人苦苦尋找時，他卻在一旁幸災樂禍，後來，他做的越來越過火，竟干擾別人的正常學習，縱火焚燒別人的衣物，最終被人發現，受到了法律的制裁。

一位名人說過：「忌妒是心靈上的腫瘤。」心靈上的腫瘤擴散到身體，疾病就不請自到了。研究結果表明，忌妒能造成人體內分泌紊亂、消化腺活動下降、腸胃功能失調，經常腰酸背痛和胃痛腹脹、夜間失眠、血壓升高、脾氣暴躁古怪、性格多疑、情緒低沉，久而久之，高血壓、冠心病、神經衰弱、抑鬱、胃及十二指腸潰瘍等身心疾病就和嫉妒者如影相隨了。現代醫學研究還表示，腦和人體免疫系統有密切關聯，忌妒可使大腦皮層功能紊亂，引起人體免疫系統中的胸腺、脾、淋巴腺和骨髓的功能下降，造成人體內免疫細胞和免疫球蛋白生成減少，對抗感染的能力下降。由此可見，忌妒不僅使精神受到折磨，對身體也是一種摧殘。

美國一些專家在長達 25 年的跟蹤調查中發現：忌妒程度低的人，只有2.3%患心臟病，死亡率僅為 2.2%；嫉妒程度高的人，9%以上得過心臟病，死亡率高達 13.4%。這一結果表明忌妒的危害不容小覷。目前，德國等國家已把忌妒列為疾病的一種，確實很有道理。

忌妒幾乎人人都有，它是人們普遍存在的病症。如此看來，忌妒心理是一種不健康的心理。不論是何種形式和內容的忌妒，都有害於保持正常的人際交往及健康的社會生活。在日常生活中，我們不知不覺的受到別人的忌

妒，或自己本身也在不知不覺地對別人產生忌妒之心。被忌妒的人常常是自己周圍熟識的人。有時，明知道是忌妒，是不應該的，卻無法消除。

總之，忌妒是一種負面情緒，是指自己的才能、名譽、地位或境遇被他人超越，或彼此距離縮短時所產生的一種由羞愧、憤怒、怨恨等組成的情緒體驗。它有明顯的敵意，甚至會產生攻擊詆毀行為，不但危害他人，給人際關係造成極大的障礙，最終還會摧毀自身，也就談不到成功了。

心理暗示不要恐懼

有一個成語叫望梅止渴，說是三國時期，曹操率領部隊去討伐張秀，在一個炎熱的夏季，驕陽似火，萬里無雲，士兵們口渴難耐，行軍速度明顯減慢，最後，竟然有幾個體弱的士兵因體力不支而暈倒在路旁。曹操見狀，非常著急，心想：「如果再這樣下去，軍隊根本不能如期到達目的地啊！而且即使到了目的地，戰鬥力也會大大削弱。」曹操沉思一會兒，心生一計，就對士兵們說：：「各位弟兄們，前邊就有一大片梅林。那裡的梅子水分充足，肯定好吃。我們加快腳步，過了這個山丘就到了！」士兵們一聽，高興極了，精神大振，果真加快了步伐。

為什麼會出現這樣的改觀？其實這種現象並不難理解，它在我們的生活中也經常出現，它就是「心理暗示」。

心理暗示，是指人接受外界或他人的願望、觀念、情緒、判斷、態度影響的心理特點。是人們日常生活中，最常見的心理現象。它是一種心理現象，人或環境以極為自然的方式向個體發出資訊，個體則在無意中接受到這種資訊，從而做出相應的反應。從心理機制上說，它是一種被主觀意願所肯定的假設現象，雖然不一定有根據，但由於主觀上已肯定了它的存在，所以心理上便盡力趨向於這個內容。

心理學家巴夫洛夫（Pavlov）認為：暗示是人類最簡單、最典型的條件反射。任何人都會受到心理暗示。有人曾經說過：「把室內的燈打開後，我們不禁懷疑，黑暗有什麼好怕的。」是的，當你把一切都看得清清楚楚的時候，你的恐懼就會自然消失了。但是如果沒有趕走黑暗的這盞明燈，你一定難以驅除心中的恐懼。

　　心理暗示的作用有好有壞，好的暗示可以幫助人們擺脫看似難以逾越的困境，比如困難臨頭時，人們會相互安慰：「快過去了，快過去了。」從而減少忍耐的痛苦；但相反的情況也有，下面就講一個非常經典的例子。

　　有個國王非常殘暴，不尊重人的性命，甚至在每次處決死刑犯時，他都將其視為一種娛樂和刺激，不斷的變換或更新花樣。

　　有一次，一個犯人被告知，第二天他將被處以極刑，行刑的方式是在他手臂上劃開一個五公分長的刀口，讓他的血一滴一滴慢慢的流，直到他鮮血流盡，痛苦死去。犯人聽了，驚懼不已，他一想，如果就這樣眼睜睜的看著自己的生命流逝，那簡直比五馬分屍還要殘忍，所以犯人一再懇求速死，但國王卻不以為然。

　　第二天早上，這個犯人被帶到一個小房間，守衛們把他五花大綁在一面牆壁上。牆上挖了個剛好可以伸進一條手臂的窟窿。劊子手把犯人的一隻手臂從窟窿中穿到牆的另一面，讓犯人看不到他的手。很快，犯人感到了一陣疼痛，他感到劊子手在他的手臂上已經割開了一個傷口，並且在地上放了一個盆子來裝血。鮮血一滴滴地滴進盆子中，「滴答……滴答……」，聲音在四周寂靜的襯托下分外刺耳。

　　犯人聽著自己的血滴進盆子中的聲音，短短幾分鐘但卻感覺像是過了一個世紀。他覺得全身的血液都朝著那隻手臂湧去，像瀑布一樣，越來越快的流向地上的盆子。不久，他覺得身體越來越冷，意識也隨著鮮血越來越模

糊。他手腳發軟，整個人癱在了地上，掙扎了幾下就死了。而在牆的那一邊，他手上的那個小傷口早就不流血了。劊子手只是在靠近牆壁的桌子上放著一個水瓶，那些「滴嗒滴嗒」的聲音其實是通過漏斗管子，把水瓶中的水滴進盆子裡的聲音。

當然，那時候的國王並不知道他這次玩的花招叫做「心理暗示」。他用這樣一種方法，讓犯人自己殺死了自己。

看了這個故事，你應該明白：現實世界的障礙有時還可以跨越，想像中的恐懼卻往往無法根除。害怕，是因為你不清楚。而當你弄明白了，也就沒什麼可怕的了。

所以，不要抗拒這些恐懼的感覺，要仔細想一想，你到底因何而心生畏懼？有沒有什麼方法可以克服？

如果沒有辦法解決，你也不能坐以待斃。你可以暫時壓抑住自己害怕的感覺，勇敢的去面對困難，你的人生也將會因此而有所改變。這就是說，黑暗其實沒有什麼可怕，只要把室內的燈打開即可。但是這盞燈，需要你自己動手去點亮。

你恐懼過嗎？你找到了那燈嗎？尤其是心裡的那盞燈。

「疤痕」是生命的痕跡

美國麻州有個女孩，名叫戴安娜‧高登（Diana Golden），五歲起就開始學習滑雪。但當她十二歲時，醫生宣布她得了骨癌，右腳必須截肢，她很痛苦，她不知道自己如果失去了右腿，那麼她最熱愛的滑雪該怎麼辦。

然而，病情擺在眼前，她只能接受殘酷的現實。手術後的戴安娜並不氣餒，儘管只剩下一條腿，但她仍然勤練滑雪，依然夢想著自己能成為世界級的滑雪選手。

有一天，父母帶她去認識一位越戰老兵。這位老兵也只有一條腿，但滑雪技巧卻很好，在那裡，戴安娜更加堅定了往日的信心，並重新學習單腳滑雪的技巧，開始了新生活的挑戰。

我們可以想像，單腳滑雪並不是件容易的事，因為它必須要滑雪者擁有很好的平衡感。戴安娜說，有一次快速滑下山坡時，她跌倒了，腳上的滑雪板被甩掉在七、八十公尺外的山坡上，而裝有小滑板來幫助平衡的兩支雪杖，也摔成了碎片，手套、風鏡、帽子和假髮，散落得到處都是。她只剩下光頭和一副殘缺的身軀，因為那時她還在做癌症化療。

不過，摔倒時的戴安娜故意尖叫：「救命啊，我的腿摔沒了！救命啊，完蛋啦！我的頭髮都掉光了！」

戴安娜時常保持著幽默感，並敢於嘲笑自己。即使摔倒了，她也要勇敢地再爬起來！她認為堅持是一種榮耀，她要不斷的挑戰自己，戰勝恐懼，不被癌魔打敗。

十多年後，她完全克服了滑雪障礙，以驚人的速度滑下山坡，風靡了全美國人。她先後獲得了美國國家殘障滑雪賽十九面金牌，世界殘障滑雪賽十面金牌。更可貴的是她還奪得了 1988 年加拿大殘奧會女子殘障滑雪障礙賽冠軍，從而圓了她多年的奧林匹克金牌的美夢。

可是，厄運之神卻仍不斷盯著她，和她開著玩笑。戴安娜三十歲那年，又罹患了乳癌，醫生無情的切除了她胸前的兩個乳房。手術蘇醒後，戴安娜不斷哭泣，因為她感覺自己已經切掉了一條腿，而今老天又拿走了她的雙乳，她埋怨上帝的不公。然而，戴安娜無法對抗命運，她只能默默承受這一切厄運的挑戰。她說，手術後，她勇敢的去游泳池游泳。在女生浴室內，她生平第一次注意到其他女人的乳房：有特大號的、有小尺寸的、有鬆弛下垂的，也有挺拔傲群的。而她，竟然沒有勇氣脫下自己的衣服，因為，「我居然像是雌雄同體！我這個女人，沒有乳房，胸脯上只留下兩塊永遠抹不掉的傷痕！」

「疤痕」是生命的痕跡

　　不過，回到家時，她終究還是要脫下衣服、面對自己。當她站在鏡子前面，一直注視著她自己斷了腿，又缺了雙乳的身軀時，她悟出了一個道理：「我大腿上、胸脯上的傷痕，都是很了不起的！這都是我『生命的痕跡！』」，生活讓每個人都留下疤痕只不過，我的疤痕更明顯罷了！而且，這些疤痕告訴我，我沒有在生命中退縮！」

　　從那時起，當戴安娜再去游泳池時，就坦然的在女生浴室裡裸體淋浴了，不久，戴安娜在身體檢查時，發現了異狀。當她從麻醉中醒來，醫生告訴她：「你的癌症已經控制住了，但你的子宮裡有一個很大的腫瘤，很可能轉化成惡性，所以，我們只好拿掉你的子宮。」

　　「什麼？只好拿掉我的子宮？」戴安娜像遭受了晴天霹靂，驚叫了起來，「這太過分、太惡毒了，我沒生過小孩，為什麼我已經斷了腿，沒了雙乳，你們還剝奪我生小孩的權利？」戴安娜不斷哭泣著。不過，當戴安娜平靜下來時，又想到那振奮自己的那句話——「疤痕」是生命的痕跡，我們都沒有從生命中退縮！

　　是的，雖然戴安娜遭受多次無情的打擊，也想過自殺，但她終究坦然面對生命，勇敢的站了起來！後來，她曾獲得榮譽博士學位，而前總統布希更是頒獎讚許她「堅毅卓越的精神。」

　　目前，戴安娜是一名勵志演講家，當她對聽眾談起過去因乳癌而切除雙乳時，她說：「嘿，那只不過是一對乳房而已。而且，它本來也不怎麼大嘛！」全場一片哄堂大笑！

　　無獨有偶，十四歲的「抗癌小鬥士」吳冠億，因罹患惡性腦瘤，已經安詳的離開了人間。吳冠億有個「小博士」的稱號，他在繪畫、文學創作上極有天分。在他與病魔搏鬥時，周大觀文教基金會還幫他在高雄榮民總醫院舉辦了「熱愛生命」的詩畫展，吸引了無數的人潮。當冠億躺在病床時，曾

81

多次向家人說，他死的時候，請大家不要傷心，不要哭泣，而是要「為他鼓掌！」後來，冠億終是鬥不過病魔。那時、爸爸、媽媽和妹妹，都守候在病床前，含著淚水，「鼓掌相送」的送冠億離開！

「我死的時候，你們要為我鼓掌」這是一句多麼悲傷，卻又樂觀、動人的話呀！讓我們學習凡事樂觀。像戴安娜一樣，不斷挑戰病魔，堅毅卓越地站起來；學習吳冠億，不畏病魔的親密接觸，與之堅決戰鬥。

樂觀的人，經常面帶笑容，充滿喜樂；悲觀的人，只會埋怨、詛咒，在生活中找尋醜惡。所以，有很多漂亮的女人，心中有太多的憂慮和煩惱，未老先衰！反過來，也有許多不美，甚至可以說是很醜的女人，因為她們對生活的熱愛，對世人的愛心，讓她們贏得了周圍人甚至全國人民的尊重。認為自己不幸福的人，永遠享受不到幸福！這是一個真理。

把傷害留給自己

即使一個非常寬容的人，也往往很難容忍別人對自己惡意的誹謗和致命的傷害。但唯有以德報怨，把傷害留給自己，才能贏得一個充滿溫馨的世界。釋迦牟尼說：「以恨對恨，恨永遠存在；以愛對恨，恨自然消失。」

把傷害留給自己，這是需要巨大胸懷的。在生活中，一個人可能能夠容忍他人的傲慢無理、狂妄無知，但卻很難容忍對自己的污蔑誹謗和致命的傷害。而人的胸懷，往往就體現在對敵人、對致命傷害的寬容上。與人交往，應最大限度地去容納別人、理解別人，努力化恨為愛、化敵為友、以德報怨，這個世界才因此變得融洽與和諧。

二戰時，一支部隊在森林中與敵軍相遇，激戰後兩名戰士與部隊失去了聯繫。他們來自同一個小鎮。

兩人在森林中艱難跋涉，互相鼓勵、互相安慰。10多天過去了，仍未與

部隊聯繫上。這一天，他們打死了一隻鹿，依靠鹿肉又艱難度過了幾天。也許是戰爭使動物四散奔逃或被殺光了，這以後他們再也沒看到過任何動物。他們僅剩下的一點鹿肉，背在年輕戰士的身上。這一天，他們在森林中又一次與敵人相遇，經過再一次激戰，他們巧妙的避開了敵人。就在自以為已經安全時，只聽一聲槍響，走在前面的年輕戰士中了一槍，慶幸的是傷在肩膀上，後面的士兵惶恐的跑了過來，他害怕得語無倫次，抱著戰友的身體淚流滿面，並趕快將自己的襯衣撕下包紮戰友的傷口。

晚上，未受傷的士兵一直唸著母親的名字，兩眼直勾勾的，他們都以為熬不過這一關了，儘管饑餓難忍，可誰也沒有動身邊的鹿肉。沒有人知道他們是怎麼熬過那一夜的。第二天，部隊救出了他們。

事隔 30 年，那位受傷的戰士說：「我知道是誰開的那一槍，他就是我的戰友。當時在他抱住我時，無意間碰到他發熱的槍管。我怎麼也不明白，他為什麼對我開槍，但當晚我就寬容了他，我知道他想獨吞我身上的鹿肉，我也知道他想為了母親而活下來。此後 30 年，我假裝根本不知道此事，也從不提及。戰爭太殘酷了，他母親還是沒有等到他回來，我和他一起處理了他母親的後事。那一天，他跪下來，請求我原諒他，我沒讓他說下去。我們又做了幾十年的朋友，我原諒了他。」

面對曾經親密無間的戰友對自己致命的傷害能夠坦然處之，沒有仇恨、沒有怨言，用寬廣的胸懷把傷害留給了自己，這是多麼高的一種精神境界。

把傷害留給自己，這雖然是一句很平凡的話，但卻蘊含著偉大的內涵。能夠做到這一點的人，其胸襟無疑是坦蕩無私的。我們的父輩們受教育的並不多，然而在面對困難、責任、危險，他們會毫不猶豫的挺身而出。把傷害留給自己，把幸福留給別人，是他們最大的心願。時至今日，一些人往往用所學的知識作為半徑，以自我為中心畫了一個圓，這個圓像一層鎧甲一樣將

自己保護起來，為的是使自己不受到傷害，或在必要的時候將其作為傷害他人的武器。

把傷害留給自己，雖然是一句很樸實的話，但它蘊含著耀眼的光輝，這並不是一般人能夠做到的。俗話說得好：「退一步海闊天空」。

有這樣一個人，當他發現鄰居的牛吃掉了自家很多麥苗時，沒有找那個鄰居爭吵，而是想：「鄰居今天可能沒有工夫餵它，這牛肯定餓壞了」，於是他到山上割了許多草將牛餵飽，那個鄰居見了很慚愧，自此再也沒有出現過這樣的事，鄰里之間親如一家。

因此，凡事應該換個角度、換個位置思考一下。例如，戀人提出分手，自己是否有不足之處而使她失望？即便不是自己的錯，想一想，在大千世界裡能夠和其中的一個人相戀也是個緣分，人說「一千次回眸才換得一次擦肩而過」，何不好聚好散呢？

面對離你而去的戀人瀟灑的說聲再見，並送上衷心的祝福：「願你找到屬於你的幸福！」轉過頭來告訴自己：「其實應該傷心的是她而不是我，因為我失去的是不愛我的人，而她失去的是深愛她的人！」然而，在現實生活中，有的人並不這樣想。當昔日的真愛已不存在，當情感的繁花已被歲月的風雨吹打得殘敗飄零時，他們總習慣於久久停棲在愛情的樹枝上低吟淺唱，不是心裡仍眷戀那份柔情，乞求傷害自己的人回心轉意，就是下定決心以同樣的方式實行報復，但這都是不明智、不瀟灑的行為。

遇到傷害時，不要先想到報復，而應該想到如何化故為友，讓事情有一個好的結局。俗話說，「得饒人處且饒人」。凡事都應適可而止，給自己留一條後路。當你不給別人留有餘地時，任何人都會進行頑強的反抗，從而兩敗俱傷。

一天晚上，在山中茅屋內修行的禪師在林中散步，突然對人性產生了感悟。

他喜悅地走回住處,眼見自己的茅屋遭小偷光顧,找不到任何財物的小偷正要離開的時候,在門口遇上了他。原來,禪師怕驚動小偷,一直站在門口等待,他知道小偷一定找不到任何值錢的東西,早就把自己的外衣脫掉拿在手中了。

小偷遇見禪師,正感到驚愕的時候,禪師說:「你從大老遠的山路來探望我,總不能讓你空手而歸呀!夜涼了,你帶著這件衣服走吧!」說著,就把衣服披在小偷身上,小偷不知所措,低著頭溜走了。

禪師看著小偷的背影穿過明亮的月光,消失在山林之中,不禁感慨的說:「可憐的人啊!但願我有一輪明月給他。」

第二天,禪師在陽光溫暖的照耀下,從極深的禪室裡睜開眼睛,看到他披在小偷身上的外衣整齊的疊好放在門口。禪師非常高興,喃喃的說:「我終於送了他一輪明月!」

把傷害留給自己,並不是由於懦弱。懦弱的人往往膽小怕事,對人唯唯諾諾,是由於自以為本身無力而又怕受人欺;而大度的人則具有寬闊的胸懷,他們有自信心,有堅定意志,有遠大目標和理想,為人開朗、豁達、謙讓,但不是沒有力量反擊,而是主動地容忍他人。這其實是一種做人的智慧。

說話從對方角度著手

美國一位名人說:「假如有什麼成功祕訣的話,就是設身處地替別人著想,了解別人的態度和觀點。」因為這樣不但能得到與對方的溝通和諒解,還能更清楚的了解對方的思想軌跡及其中的「要害點」,瞄準目標,擊中「要害」,大大提高你的說話效果。

也有人說過,要想讓別人相信你是對的,並按照你的意見行事,首先必須要人們喜歡你。可是若不能設身處地站在別人的角度,找到別人的訴求,

又怎麼可能讓對方喜歡呢？

湯特有一次租用某家酒店的大禮堂來講課。有一天，他突然接到通知，租金要增加三倍。於是湯特去與經理交涉。他說：「我接到通知，有點震驚，不過這不怪你。若我是你，我也會那樣做。因為你是飯店的經理，你的職責是盡可能使飯店獲利。」

緊接著，湯特為他算了一筆賬：「將禮堂用於辦舞會、晚會，當然會獲利。但你攆走了我，也等於攆走了成千上萬有文化的中層管理人員，而他們光顧貴飯店，是你花五千元也買不到的活廣告。現在哪樣更有利呢？」經理被他說服了。

湯特之所以成功，在於那句話「若我是你，我也會這樣做」，因為這時，他已經完全站到了經理的角度考慮問題。並抓住了經理的訴求：「盈利」。使經理心甘情願的把天平砝碼倒到湯特這邊。

有家電視臺，每週設置一次關於人生問題的講座節目，收視率比其它時段的節目要高出許多。收視率之所以偏高，當然有許多的原因，但其中最重要的原因，是觀眾們欣賞節目中的巧妙答話。

大多數帶著疑問上電視的觀眾，在開始時，都會對解答者所做的種種忠告提出反駁或辯解，並且是十分不情願接受對方的話。但久而久之，在不知不覺中，他們就會對解答者所說的每一句話點頭稱是，看著電視畫面，你會覺得比在電影院看一場電影還過癮。

因為電視臺的主持人或問答者，都是精挑細選的，所以光是聽他們的說服方式也會受益匪淺。像是如果探討有關人生問題的節目，臺上的觀眾，就會以離婚女子占多數，這時負責解答疑難者常說的一句話是：「若我是你，我會原諒他，而且絕不與他分手。」大家千萬別認為話中的「若我是你」只是短短的一句話，殊不知它能發揮的效力是不可估量的！

假如在說服別人的過程中，無意間使用了一些不太妥當的言詞，但出於你巧妙地運用這句「若我是你」，結果就會彌補你言詞上的過失。而且，它還能促使對方做自我反省，最終感到唯有你的忠言，才是對他最有利的勸告。

想像到的東西可以做到

逢年過節時，我們寫賀卡、發訊息、寫郵件，對人說祝賀之語，說的最多的一句，恐怕就是「心想事成」了。

不要以為這只是一句祝賀詞罷了，它還是一個成功的祕訣。

為什麼這麼說呢？因為我們現在做的每一件事，實現的每一個目標，都只是在反映多年前我們頭腦裡想像到的一個畫面而已。

我們或許會夢想著能在眾人面前演講，不僅超過上千人聽我們演講，同時，還鼓動與激勵大家激發高昂的情緒。而我們當中的有些人會做到，在一年中的很多天，他們都要趕到各地去鼓舞成千上百位來自全國各地想成功的那些人。

或許你夢想著成為暢銷書作家，讓人們在讀你的書的時候被你所分享的理念所激勵，然後幫助他邁向成功。終於，你出的書成為暢銷書，並且在短時間內有成千上萬名讀者的來信或來電，告訴你，他們讀完書後的感受，並且有多家出版商將你視為名家，要求你為他們創作下一本書。

以前你夢想著成為企業家，能夠創辦自己的事業。現在，你的事業可能會擁有五家分公司，並且仍然在急速地拓展當中，每個月為顧客大量的提供他們所想要的產品或服務。

說這些並不是想說你有多麼成功，我們只是想告訴各位讀者，你現在所做的每一件成功的事，在當初你一無所有時，都只是一個想法而已，一個你

想像出來的畫面而已，但這些畫面每天被你當作電影一樣在你腦海中一遍又一遍的播放，有的想了一年、兩年、三年，也有的只想了一兩個月，但它們都實現了。

甚至在一年多前你去參加一個課程，在那個課程上你寫下你想擁有的人格特質，告訴了你自己希望變成什麼樣的人。一年後的今天，你翻開一年前的筆記時，發現大部分人給你的稱讚，跟你當初上課時所設定的人格特質一模一樣。

你會實現你持續不斷重複思考的結果，你會成為你想像中的那個人，你也會實現一切你不斷想像中的事情，這就是成功者的經驗。

一旦你想實現任何願望與目標，你就要不斷的想，最好能每天看到你成功的畫面與景象，並且聽到聲音，感覺、感受，不斷地重複思考，充滿著渴望的思考，思想一定會變成事物，夢想一定會化為現實，你也一定會心想事成。

世界上的一切，當初都只是一個想像而已。如同房子在建造出來之前，只是一個想像中的構造圖與外觀罷了。任何我們看得見的東西，都是經過了人的想到才會做到的，任何你想得到的東西都有一天會被得到，至於是誰做到就看誰有更大的渴望與想像力了。

所以，偉大的發明家愛因斯坦說：「想像力比知識更重要」。

有話直說不胡說亂說

《春秋》中有「人之所以為人者，言也。人而不能言，何以為人」的名句。它的意思是說作為一個堂堂正正的人，就應該有話直說，不要吞吞吐吐。

孔子就是一個有話直說，善於直說的人。春秋時，陳侯修築淩陽臺，臺還未修起，因為一點小事情而被處死的就有好幾個人。最後又把三個監吏抓了起來。群臣中沒有敢進言說話的。孔子到了陳國，見過陳侯，與陳侯一起

登上凌陽臺四下觀望。孔子上前祝賀說：「凌陽臺多麼美啊，陳王多麼賢德啊！從古至今，凡是聖人修築，哪裡有不殺一個人而把台修成這樣的！」陳候聽後，內心有愧，默默不語，派人放掉了被抓起來的三個監吏。孔子婉言直陳，一語救了三條命。

　　生活中，有些人愛說假話、大話、空話、謊話，這類話說得愈多，危害愈大；還有一些人信奉「少說為佳」的處世哲學，處處只講「萬無一失」、「是非面前不開口，遇到矛盾繞開走」，甚至在歪風邪氣面前也不說不講，隨波逐流，樂當「和事佬」，被人們戲稱為「好好先生」。而「好好先生」從來不談論別人的缺點。和人交談時，無論好事壞事，他一概說好。「好好先生」只會留下為人們千載恥笑的醜行，我們萬不可步他的後塵。「好好先生」奉行的好人主義，是一種消極庸俗的處世觀，其要義是「言多必失」。那麼，怕「失」什麼呢？當然是個人的私利。因此我們不能被這句話所蒙蔽，應該敢於說。

　　有話直說，絕不是胡說亂說，孔子曰：「敏於事而慎於言。」直言應產生於對事物的敏銳觀察和縝密思考。說要有根有據，講要區分場合，言要注意方法。要言之在理，合乎實際，顧及客觀效果，使聽者悅耳。在這方面，三國時的賈詡是值得我們仿效的。賈詡說服張繡歸順曹操，被曹操任命為執金吾，封侯。當時，曹操的次子臨淄侯曹植才名遠揚，正是興盛的時候。曹操想廢掉曹丕立曹植為太子。一天。曹操命左右退下，向賈詡詢問此事做得做不得。賈詡默然不答。曹操問：「我與你說話，你不回答，是為什麼呢？」賈詡回答說：「因為我想起了一件事」曹操問：「想起了什麼事？」賈詡說：「我想起了袁紹父子的事。」曹操聽後大笑，於是正式立曹丕為太子。真是「一言以興邦，一言以喪邦」。

　　年輕人應當養成有話直說，當說必說的習慣，崇尚光明磊落、襟懷坦蕩的品德。有些年輕人經驗不足，思慮不周，但說錯一句半句也不要緊，只要

敢於仗義執言，即使說的不是盡善盡美，也不能與那些少說為佳，明哲保身的「好好先生」同日而語！

快人快語的「諤諤之士」是被人們稱道的。春秋末年，晉國大臣趙簡子錄用一個「願為諤諤之士」的周舍，同吃、同住、同行。這個周舍專門記趙簡子的過錯。周舍死了，趙簡子大哭說：「從前沒有人敢給商紂王提意見，商滅亡了。周武王有許多人直言敢諫，取得天下。周舍說眾士之唯唯不如士之諤諤。現在沒人批評我的過失，我擔心自己的事業會頹敗呀。」可見，智慧的人對於直言坦誠者是敬慕和懷念的。公道自在人心，只要說得對，說得有道理，就會被人採納的。

學會閉緊嘴巴

每個人都可能有這樣的切身體會：在某些特殊的場合，說話要注意外在的形象，要像收緊的小口袋那樣謹慎，先將自己想表達的意思好好的組成適當的語言後，再用合適的語氣表達出來，切不可張嘴就說，說過後又不負責任。因為，這樣不僅會給自己惹出一些不必要的麻煩，還會對自己的名聲造成損害。

所以，那種口無遮攔的人，切要謹慎，管好自己的嘴，否則便會誤事。

曾聽一位企業人資部長講過這麼一件事：「一天，辦公室有一位來應徵的年輕人，他表面上看起來很內向，回答問題時，也有些木訥嘴笨。但在十幾分鐘的時間裡，他竟然搶了別人的話題，說了一大堆不該說的話」。於是，她便認定這是個愛管閒事、口無遮攔又缺乏經驗和修養的人。於是就對他說：「請你到其它公司試試吧。不過，我想給你一個忠告，今後無論你在何處高就，都要謹慎開口，不該說的話半句也不說，該說的話一定要認真。」

如果這位年輕人依然我行我素的話，還能找到理想的工作嗎？還能受到朋友的喜歡嗎？人言可畏。但那些可畏的人言正是從「快嘴」、「油嘴」

中說出來的。用膠帶將那些「快嘴」、「油嘴」封緊的話，閒言碎語就會減少，也會少許多是非，煩惱自然也會減少。

　　當我們與朋友在一起聊天時，經常會為一些無謂的小事抬槓。爭辯的結果也許能分出勝負，但絕對不會有助於增進彼此的感情，相反，還會傷害彼此的感情，爭辯的程度越厲害，對彼此的傷害就會越深。

　　即使你在爭辯中獲勝，心裡得到了暫時的滿足，為了一時的痛快或為了面子而爭辯，但你卻會失去對方的青睞，他們即使表面上服了你，但內心卻會更加厭惡你。所以，這時，看起來是你勝了，其實是你敗了。下面來看這樣一個例子：

　　斯蒂夫‧哈德遜是一個專業運動員和為商界精英服務的私人教練，他說：「當我對是非問題尚未弄清原因前，我就送人一份禮物——沉默。」因此，他被人們認為是一個最了不起的傾聽者。他的訓練效果有一半得歸於他的聽的能力。他訓練他的客戶對沉默表示尊敬。

　　他說：「如果你和一個重要的人在一起，你所要做的僅僅是保持沉默，讓他們說話，去思考，讓他們打開心扉，把那些一直想說，但卻常常被別人的高談闊論嚇了回去的東西講出來。何況一開始的時候，你並不明白他們所講的真正含義，亂插嘴是不討好的。當我保持沉默的時候，便會開始與自己對話，它引導著我，給我心靈的觸動。我靜默下來的時候，我可以聽到另一個人的聲音，我從那個聲音裡進行分析，從而找到我認為真實的東西。」

　　生命中往往有連哲學家都無言以對的時刻，在處世中，我們畢竟不是對所有的是非問題都能區分清楚，甚至問題可能根本沒有真正的對錯。因此，在多說無益的時候，也許沉默就是最好的解釋。和別人發生意見上的分歧，甚至造成言語上的衝突，這時最好的方法是回家擦地。拿一塊抹布，彎下腰，雙膝著地，把你面前這塊地板的各個角落來回擦拭乾淨。然後，重新反

思自己在那場衝突中所說的每一句話。也許你就會你發現，自己其實也有不對的地方，然後就漸漸心平氣和了。

　　生活中，有時你必須學會閉緊嘴巴，同時把腰彎下，因為這個動作可以讓你謙卑和恰到好處，這也許是你的又一個收穫。

享受過程會快樂無窮

　　相信幾乎每個人都聽過或是說過這句話：「管它黑貓白貓，能抓住老鼠就是好貓。」

　　生活中，我們大多注重的是結果，而多忽略這個結果所做的努力過程。

　　現在，越來越多的人認識到，成功的結果固然重要，但其間的過程也很重要。

　　享受過程，享受奮鬥，做到這些，你會感到難以言喻的快樂，否則即便達成目標，成功的興奮也不會持久。

　　努力工作，不斷行動，容易成功。然而很多人則是被動的去努力工作，理由很簡單，因為大家把努力工作當成了一件無奈的、不愉快的，甚至是痛苦的事情。

　　假如你是一名銷售人員，你百分百的相信你的產品是好的，是無可挑剔的，但你仍然害怕被拒絕。不過為了業績獎金、為了利潤，你還是要硬著頭皮去拜訪顧客。拒絕多了，你也就麻木了，厭煩了。然後，一想到要去銷售，你就會認為徒勞無功，感到不愉快，甚至痛苦。最終是業績平平，甚至為零。

　　要想解決這個問題，你一定要認識到：如果你銷售的產品真的很好，你就要說明別人獲得這個產品，從而給他帶來益處。能幫助別人解決問題，本身就是一件很快樂的事。如果他拒絕了，只是他還不了解產品而已，他拒絕的是產品，而絕非是你。只要讓他了解了產品的真實情況，他必定會感謝你

的，況且，聰明的你一定要感謝他的拒絕給了你一次鍛煉與成長的機會。這一次又一次的銷售，一次又一次的失敗，直到最後一次又一次的成功，你都要把它們視為一個銷售、拒絕、鍛煉、成長、享受的過程。

曾經有人在全國各地趕場演講，一站又一站，奔走之苦，冷暖自知，每一次感覺都是長途跋涉，艱辛無比。這時，他就會告誡自己：

「我是在旅行，我是在周遊列國，遊覽大地的風光是多麼好啊！這世上能有幾人擁有我這樣的幸運和幸福啊！」

如此一來，他必會使過程變得愉快，從而堅守住自己的理想。

眾所周知，巡迴演講大多是相似或相同的主題，話說一遍猶可新鮮，然而你一而再，再而三的說著同樣的話，你身心的疲倦感一定會隨之出現，這時你就要立即告訴自己：

「要努力，要堅持，要享受演講中的樂趣，多想想聽眾的渴求和可愛，多感受一下人們對自己的喝彩掌聲，以及幫助人們成長以後自己所得到的喜悅。」

有一位名人說的好：「我認為幸福永遠在路上，我依然在學習。」

這是什麼，這就是過程。一定要學會享受過程！享受過程就會快樂無窮。

從王翦請田的故事學會明哲保身

古語說：「日中則昃，月盈則蝕」，更有「狡兔死，走狗烹；飛鳥盡，良弓藏；敵國破，謀臣亡」的說法。清代的曾國藩也早就指出，做人弓不拉滿，勢不使盡盛時欲作衰時想，上場欲走退場思，一定要在功高震主時明哲保身，這樣才可能保全自己。

秦朝有名大將王翦，在秦王政二十二年（西元前225年）間，秦王派王翦的兒子王賁進攻魏國，使魏王投降。

滅魏以後，秦已掌握了三晉之地了。為了儘快統一，秦準備儘早消滅楚國。但是，楚國畢竟是瘦死的駱駝比馬大，在這個滅楚大戰需要多少兵力的問題上，秦王拿不准主意，於是，他徵求眾將的建議。秦王問年輕將領李信，那個年少英勇、高大威武的將士，需要用多少兵力可以滅楚，李信回答最多不過二十萬人。

李信曾率數千軍萬馬追擊燕太子丹，最後迫使燕太子丹自殺。秦王政因此非常相信李信的能力與勇猛，所以秦王政一開始就詢問他。在問完李信後，秦王政又問王翦，王翦卻回答說沒有六十萬人馬是萬萬不行的。秦王政聽後對王翦說：「王將軍你已經老了，連膽子也變小了。李將軍果敢威武，說的話很有道理。」於是，派李信和蒙恬率軍二十萬伐楚。王翦以自己的話不被採用為理由，謊稱有病回到了頻陽家鄉。

李信由於年少英勇，不免有些心高氣傲。結果楚軍找到了一個反擊的良機，向李信的部隊發動突擊，攻破了秦軍兩座營壘，連殺了七個都尉，秦軍大敗而逃。楚軍在打敗李信軍後，還一直向西進軍，大有反攻秦國的勢頭。聽到這個消息後，秦王政大為震怒。於是，秦王政親自趕往頻陽，向王翦道歉，請王翦出來率領大軍攻楚。

開始，王翦假意推辭，說自己年老體弱，又有病在身，疲乏無力，實在擔當不起重任，請秦王另選良將。秦王政又一次向王翦道歉，並執意要王翦為將。

王翦說：「如果大王一定要任用我為大將的話，非六十萬人不可。」秦王政便立即答應了王翦的要求，並且表明願意聽從王翦的計策。

王翦準備率領六十萬秦國大軍出發了，秦王政親自到灞上為王翦餞行。臨行時，王翦請求秦王先行賞賜許多園林池苑、美宅、良田等。

秦王政說：「為國作戰，將軍以後有的是賞賜，還用得著害怕家裡會窮苦困難？」王翦說：「作為大王的將軍，有功勞才可以得到封侯賜爵，所以趁著大王顧念我的時候，我就應該及時向大王請求賞賜一些產業來留給我的子孫後代。」聽後，秦王哈哈大笑。

出發後，王翦到了函谷關，在這段時間，他派使者連續五次向秦王請求賞賜良田。有人覺得王翦索取無度，應該適可而止了，就對王翦說：「將軍連續請求賜予家業，太過分了吧。」王翦說：「不對。秦王暴躁多疑，現在這支六十萬的大軍幾乎是秦國的全部兵力，如果我不多次請求賞賜來表示自己的意志，秦王能不因此懷疑我嗎？」

王翦在一年後攻破楚都壽春，並俘虜了楚王負芻，還盡收楚地入秦，設楚地為郡縣。王翦給人的印象是一員智將，在伐楚之時，用請求賞賜田地來消除秦王的疑心，並且成為一個典故，王翦請田由此而來。王翦請田也就成了明哲保身的代名詞。從王翦率秦軍六十萬伐楚攻百越直到班師回朝，秦王都沒有表示過懷疑，實屬難得。這也就表明，對於投身於仕途的人應當學些明哲保身之道，當自己尚有一定餘勢時，應該及早引退或藏鋒，以免和不可逆轉的勢力或強大的對手發生衝突，從而讓自己遭受恥辱與損失。

所以，不管什麼時候，都不要表現出比上司高明。功可以高而不可震主；權可以大但萬不能對上司構成威脅；位可以尊而絕不能僭越。切記：當自己在處世中聲望太高，別忘了向自己的頭上淋一些「汗水」。

第四章　好的人際，終生的財富

人不是孤立的，他必須要和他人接觸。我們有了良好的人際關係，就可以前進的路上更為平坦。有句話說：多個朋友多條路。我們正確處理好了人際關係，就會讓我們受益無窮、獲益匪淺。

從三顧茅廬中得到新的啟示

我們都熟悉歷史上「三顧茅廬」的典故。

漢末，黃巾軍起義，天下大亂，曹操坐擁朝廷，孫權握兵東吳，漢宗室後代豫州牧劉備也想成就一番事業，當他聽手下謀士徐庶和世間賢士司馬徽說諸葛亮既有學識，又有才能時，就和關羽、張飛帶著禮物來到隆中（今河南南陽城西，一說為湖北襄陽城西南）臥龍崗去請諸葛亮出山輔佐。湊巧的是，諸葛亮這天出門了，劉備只能失望而回。

第二次，劉備和關羽、張飛冒著大風雪去請諸葛亮出山。不料諸葛亮又外出遠遊了，張飛本就是個急脾氣，況且他根本就不願意前來，所以一見諸葛亮不在家，就催著劉備回去。劉備無奈，只得留下一封信，表達了自己對諸葛亮的敬佩，以及請他出來幫助自己挽救國家危險局面的意思。過了些日子，劉備吃了三天素，準備再去請諸葛亮。關羽勸劉備，說諸葛亮也許是徒有一個虛名，未必有真才實學，不用去了。張飛卻主張由自己一個人去叫，如果他不來，就用繩子把他捆來。劉備把張飛責備了一頓，又和他倆第三次訪問諸葛亮。這時，諸葛亮正在睡覺，劉備不敢驚動他，一直站到諸葛亮自己醒來，才彼此坐下談話。

那麼，在劉備三顧茅廬請出諸葛亮以前，諸葛亮在做什麼？想做什麼呢？

在《出師表》裡，諸葛亮自述他躬耕南陽，「苟全性命於亂世，不求聞達于諸侯。」「苟全性命於亂世」是對的，在兵荒馬亂的時代，人命如螻蟻，每個人都是苟活避難。至於「不求聞達于諸侯」之說，「不求」這兩個字沒錯，因為諸葛亮「淡泊以明志，寧靜以致遠」的看法不只是說說而已。然而「聞達於諸侯」，卻是不得不做出的選擇，也是他真正的嚮往，尤其是對諸葛亮這麼有抱負，而又這麼自負的人來說。

　　諸葛亮發跡之前，常以管仲、樂毅自比，許多人不以為然，認為諸葛亮太狂妄，自以為是。一個種田隱居的讀書人，憑什麼自比管仲、樂毅？想當年，管仲輔佐齊桓公，尊王攘夷，一匡天下，何其賢能！樂毅率燕軍伐齊，復國雪恥，攻下齊國七十餘座城，何其威風！諸葛亮有此一比，足以說明在他心目中，他是多麼渴望效法管仲、樂毅那樣的名將賢相，中興漢室，成就功業。

　　因此，諸葛亮有一次和要好的學友石韜、徐庶、孟建聊天時，說：「你們三個人未來當官，可以當到刺史、郡守。」三位學友反問諸葛亮：「你自己呢？」諸葛亮笑而不答。

　　儘管諸葛亮笑得曖昧，沉默得有多麼含蓄。但他志在管、樂，刺史、郡守之職不會放在眼裡。但他又不好明說，一來怕傷學友自尊，二來怕給人自誇的惡感。在這之前，諸葛亮雖然富才學，有大志，但經驗近乎於零，政治經歷一片空白，雄心大志只是口裡說，只能是心裡想想而已。

　　諸葛亮深知，他要想取得走入政治的機會，必須有伯樂來識他這個千里馬才可以，但諸葛亮自稱不求聞達，所以不可能毛遂自薦，亂世中更不可能依託考試的途徑求取功名。那麼，諸葛亮應該怎麼做呢？唯一的辦法便是化主動為被動。聰明的諸葛亮決定採用「名人推薦法」。

　　名人推薦法是很容易見效且不具風險的一種良好方式。諸葛亮雖然並未請什麼「仲介」來推薦，但他在荊州知識份子圈內已小有名氣，與龐統一起，有了臥龍、鳳雛之雅號，一些具有知人之明的賢能之士，慧眼識英才，對他印象極好。諸葛亮的社交、口碑做得不錯，他心裡明白，不用他自己急，有識、有志之士必會禮賢他這個士，請他出山的一天終會到來。

　　果然，司馬徽、徐庶都在劉備面前，對諸葛亮稱許有加。劉備當時寄人籬下，安身於荊州的劉表，很想有一番作為，希望得到天下英才。他求教於襄陽隱士司馬徽。司馬徽自號「水鏡先生」，意思是很會鑑識人才，如水似鏡，明亮照人。司馬徽謙虛的表示：「我不過是個俗士，哪懂什麼時務？識

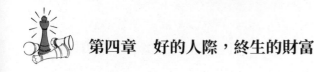
時務者為俊傑，這裡的俊傑有臥龍、鳳雛兩人。」劉備問：「誰是臥龍？誰是鳳雛？」司馬徽答說：「臥龍是諸葛孔明，鳳雛是龐士元（龐統）。」司馬徽對諸葛亮一陣狂誇猛讚。求才若渴的劉備聽到諸葛亮的名字和才能後，他豈能不急於攬在囊中。

根據《三國志‧龐統傳》裴注引《襄陽耆舊記》講，最早向劉備推薦諸葛亮的是司馬徽。與之不同的是，《三國志》上說，首先介紹諸葛亮給劉備的，卻是劉備所器重的謀士徐庶。徐庶推崇諸葛亮是臥龍。劉備請徐庶把諸葛亮帶來，徐庶不以為然的回道：「這個人不可以叫來，應該由您屈駕拜訪。」

不管誰先誰後，劉備在得到司馬徽、徐庶對諸葛亮的推薦後，便認定諸葛亮是他不可錯過的人才，於是禮賢下士，三顧茅廬，留下了一段人間佳話。諸葛亮出山后，便展開了轟轟烈烈、名垂青史的政治生涯。

古人曾說，「世間先有伯樂，而後才有千里馬」。其實若想成就一番事業，伯樂和千里馬缺一不可。具體到我們的生活中，無論是某項活動成就了你，還是你成就了某項活動，總之，只要事業成功，就是你最大的成就。

向有經驗的人請教

我們時不時就會遇到困難和挫折，總會有這樣那樣的不如意出現，有人摔了跟頭、吃了虧，嘆息自己缺少經驗。然而他們沒想到，其實可以借鑒學習別人的經驗，生活中總有一些經驗豐富的人，你可以與他們交朋友，向他們請教，得到他人的指點，這樣你就會少碰壁。歷史上的一些著名軍事家，智商很高，且各各都是高手，但是他們還要招納賢士來為自己出謀劃策。如果劉備不三顧茅廬把諸葛亮請出來，那麼天下就不可能有他的蜀國了，相反，那個昏庸的袁紹，就不善於請教有經驗的人，田豐主動出謀劃策，他不僅不領情，反而還殺了人家。

　　有一個廣為流傳的故事，一直以來都很有意思：

　　一個博士到一家研究機關工作，他是院裡學歷最高的一個人。有一天他到機關後面的小池塘去釣魚，正好研發長和副研發長在他的一左一右，也在釣魚。他只是微微點了點頭，心想這兩個只有大學畢業的人有什麼好聊的呢？不久，研發長放下釣竿，伸伸懶腰，從水面上如飛般的走到對面上廁所。博士眼睛瞪得都快掉下來了，水上漂？不會吧？這可是一個池塘啊。不久，研發長又從水上走了回來。博士生礙於面子，也不好去問。過了一陣子，副研發長也站起來，如同研發長那般的到對面。這下子博士差點昏倒：「不會吧，到了一個江湖高手集中的地方？」博士生此時也想去廁所，可池塘兩邊有圍牆，到對面上廁所要 10 分鐘的路程，回辦公的地方上又太遠，怎麼辦？博士生還是不願意去問那兩位，最終忍不住，也往水裡走去，心想：「我就不信大學學歷的人做的到，我博士生做不到。」

　　只聽「咚」的一聲，博士生掉到了水裡。兩位研發長將他拉出來，問他為什麼要下水，他問：「為什麼你們可以過得去，我卻過不去呢？」兩位研發長相視一笑：「這池塘裡有兩排木板，由於這兩天下雨，所以你才沒看見，但我們都知道位置，所以可以踩著過去。你怎麼不問一聲呢？」

　　這可以當做一個幽默故事來說，但中間講的道理卻非同一般。學歷只能代表過去，只有能力才能代表當下。尊重有經驗的人，才能少走彎路。然而與有經驗的人相處，方法也要恰當才好。不要事無巨細都去問。有些得失利益不大的問題，最好不要去請教。畢竟自己也要培養累積經驗。在向別人請教時要虛心，注意力集中，否則讓人感到你是假請教，或者誤以為問題不重要。請教的時候要毫不保留的談事情的經過或存在的問題，這樣便於對方思考幫你拿主意。當然你也可以對他的指點提出看法，讓他進行修正。一定要把對方指點的話牢記於胸。這樣才能學以致用！

借用他人之力成就自己

要想取得事業的成功，一個人的力量總是有限的，就應該善於借用他人之力，增強自己的實力，從而為我所用，並為最後的成功奠定有利的基礎。

善於借用他人的力量，並把這種外力融入到自己的人生奮鬥目標中，就會使自己的能力事半功倍，使自己期望的夢想得已早日成為現實。

荀子在〈勸學篇〉中說過：「假輿馬者，非利足也，而致千里；假舟楫者，非能水也，而絕江河。君子生非異也，善假於物也。」生活中的人，善借物者，可以致千里，那麼，善假於人者怎樣？答案是，善於借人，就可以幫助我們大展宏圖，成就大業。

三國中的劉備之所以他能成大業，其訣竅就是善於借人，這也算是善假於人的典範。

在劉備的前半生，他的勇不如人，常以關、張、趙用於自輔，起了不小的作用，他的智不如人，雖也以孫乾、麋竺之輩用於自輔，但起的作用卻不大，致使他前途處於窮途末路。但也正是在這個時候，劉備領悟了「決策人才是創業的關鍵」這樣的一個道理。他思賢若渴，夢魂飛繞，終於招來了徐庶，徐庶走了之後，劉備又三顧茅廬請出了「萬古雲霄一羽毛」的臥龍諸葛亮。得到諸葛亮輔助後，劉備就絕處逢生了。

無論事物怎樣的複雜，到了有能力者的手裡，那些複雜的事物就會變得頭緒清晰，繼而迎刃而解了。諸葛亮看准了曹操、孫權之間的尖銳矛盾，產生了助孫抗曹的念頭，就乘機佔據了荊州，這樣一下子就初步解決了劉備朝思暮想的「基本」（即立足地）問題。劉備心服了，從此以後他把權力全部交給諸葛亮，自己安心作一方之主。從赤壁之戰的前夕起，大約近 40 年的時間裡，他對於諸葛亮所提的意見，幾乎是百分之百的聽從，從不干擾諸葛亮的部署。

　　在名分上劉備和諸葛亮的關係是主和臣的關係，但是在各種政治和軍事的行動中，則是主為從，臣為主。這是一種很特殊的關係，其他各個集團，都沒有建立這樣的關係。曹操重視人才，尤其對郭嘉更是十分重視。郭嘉英年早逝，曹操每次想起還痛哭流涕，但郭嘉在世之時，曹操仍以下屬視之，而劉備對諸葛亮不僅僅是重視，而且敬重，事之如師。即使是司馬遷筆下的劉邦，他對張良、陳平、韓信也沒有這樣的待遇。而三國中的劉備和諸葛亮，卻著實存在著這種特殊關係。比如當年東吳想用「美人計」陷害劉備，答應將孫權的妹妹嫁給劉備為妻實則想借招親之名扣留劉備作為人質。諸葛亮將計就計，同意這門婚事，整個過程簡直把劉備「指揮」得團團轉。這次婚事由諸葛亮一手操持，劉備對這次的冒險，本身是感到非常害怕的，他對諸葛亮說：「周瑜定計欲害劉備，豈可以身人危險之地？」可諸葛亮卻偏偏讓他去，既不把預定的密謀告訴他，也不經過他同意，就叫孫乾前往江南談這門親事。劉備也只得懷著忐忑不安的心情出發前往。

　　就是在這時劉備和諸葛亮的上下級的關係，簡直顛倒過來了。這裡我們不談諸葛亮的什麼神機妙算，只說劉備依賴諸葛亮，竟達到如此程度。這種依賴，雖然表示了諸葛亮智謀的不足，但是，如果劉備能做到這一點，在一定程度上和他的寬厚有很大的關係，但是決定的因素還是由於劉備具有胸懷大志。在實現自己宏圖大業的鬥爭中，遇上了諸葛亮這樣的有才者，又肯為他爭天下而出力，能不唯恐不及，不信不敬嗎？

　　劉備善於借用他人的力量的成功，也為我們後人樹立了成大事時能善於借用他人的典範。

　　一個人的能力再大，也不能親自完成所有的工作，縱使渾身是鐵，又能打幾根釘呢？於是聰慧的人總是努力擴充自己的大腦，延伸自己的手腳，借用他人之力成就自己。最終，那些善於借用他人之力的人都成為了事業上的大贏家。

善於觀察、了解、學習別人，並且能夠吸引一批才識過人的親朋好友來合作共事，激發共同的力量走向成功，幾乎是所有成功人士的一項特長。這可是全世界的成功者最重要也是最寶貴的辦事經驗和共同的特質。

　　從另一種意義上說。任何人都需要借助他人的力量成事。正如卡內基基碑上刻的一句話：「這裡躺著一個人，他明白如何集合比他能幹的人在他身邊。」

　　曾經有一位記者在採訪鋼鐵大王安德魯·卡內基時，問他獲得成功，獲取財富的要訣。安德魯·卡內基沒有正面回答這位記者的提問，而是向他列舉了許多工商界知名成功人士，簡述他們的個人奮鬥歷程，並善意地告誡這位記者，不要固執的追問億萬富翁獲得金錢的竅門，這是不實際的也是不現實的。

　　事後這名記者對安德魯·卡內基所提供的例子進行了分析，從而驚奇的發現，在所有的成功人士周圍，都集結了一批才幹優秀、能獨當一面的精英人物，在許多重要關頭，是這些人物協助他們的老闆確認了方向，走出了泥潭，並取得了成功。幾乎沒有一個人是完全憑藉個人智慧和力量在工商界或者是政界打下江山。正如安德魯·卡內基的名言：「不是我本人有什麼卓越的智慧和能力。我只不過是比較善於匯集在某些方面比我更能幹的人為我工作而已。」

　　而當史蒂芬·柯維 (Stephen Richards Covey) 為這位記者又尋找到了更大量且具有說服力的實證時，他當時就讀於哈佛大學企業管理博士。柯維研究數百名在各行各業具有顯赫地位的人物、家庭、財閥，得到了相同的發現，即在那些赫赫一時人物的周圍，都有一個智囊團，就是被稱作為的幕僚。這些由傑出人才組成的機構，時刻為他們的主公運籌帷幄，出謀劃策，在關鍵的時刻，這些策略往往能夠收到意想不到的好的結果。

　　在某些人物奮鬥歷程的某一個階段，尤其是他的某一個困難時期，這些智囊人物發揮的作用就表現得更為顯著突出。而這些智囊人物也始終受到老

闆的重視與尊重，老闆不惜花費巨資維持他們的幕僚存在。可以肯定的是，如果沒有這些幕僚的協助，就沒有他們老闆現在的輝煌。

　　單純意義上的白手起家，赤手空拳打天下是不現實的，也是不存在的。大凡成功者必善於借用他人之力，從而才能使自己擁有一雙能翱翔的羽翼，才能比別人升得更快，飛得更高。

　　你要想通往峰頂的道路更為平坦，就要和適合的人結伴同行。只有善於借用他人之力，獲得很大的幫助，你才有可能及早成功。

人際關係好就容易達成想要

　　每個人都在從事著人際關係的行業，每個人都在幫助自己也在幫助別人成功。

　　也許你有些不太明白，說白了，就是保險業是在從事人際關係的行業；房地產是在從事人際關係的行業；IT 業也是在從事人際關係的行業。也就是說，任何人都在從事人際關係的行業。因為所有的行業，都不能脫離人際關係而獨立存在。

　　你可能只是一名家庭主婦，但家庭主婦也需要與某些人保持良好的關係，可能是你的小孩，可能是你一起買東西的朋友，也可能是某個商店的員工，所以你也是在從事人際關係的行業。

　　人際關係好，你做任何事才有可能成功，人際關係好，你的事業才會做得更大更強更好。

　　所有的生意競爭到最後都取決於人際關係。我們每個人都會遇過下列情況：

　　有兩個人賣給你一樣的產品、一樣的價格、一樣的服務，同樣的品質與品牌，最後你買誰的呢？當然是與你關係較好的人。

　　所以說，人際關係幾乎占了成功的 60% 以上。

你一定要非常注重自己的人際關係。

既然如此，如何做到呢？很簡單，人們需要什麼，你就做什麼，說白了就是投其所好，這是用腳丫子也能想到的事情。給予別人他需要的，你就一定會贏得別人的喜歡和回報，這是恆久不變的法則。這麼一來，你必須要關心每一個與你交往的人，才會有辦法了解他們。

人都需要被關心、被重視、被了解、被感謝、被讚美，都需要被別人感興趣。知道了這個道理，你還在等什麼？馬上去關心別人、重視別人、對別人感到興趣，讓別人感覺到你這些感受，這就是保持良好人際關係的方法。

但一般人對人冷漠，隱藏自己的熱情。有的只關心自己，不重視他人，甚至樓上樓下住了一年，每天碰面也不曾有過一個帶有微笑的招呼，這樣的人能得到什麼呢？恐怕只有孤獨。

但他們並不是冷血動物，對於曾經幫助過他，對他有好處、有恩惠的人，他也會懂得禮貌相待，甚至會出於某種目的去巴結他。這算什麼？最起碼算不得厚道。

過年過節了，你想到的第一個要送禮的對象是誰呢？

不知道你有沒有聽說過，我們把這種人稱為「貴人」。假如你能對每一個人都以這種心態面對他，與他交往，你的人際關係馬上會好起來。一旦人際關係好了之後，你會發現，每個人都會反過來對你好，你的辛苦和付出，終有一天會得到回報。

你先假設人人都是貴人並對待他們，然後人人就真的會成為你的貴人。這是已經被很多人驗證的真理。既然人人都是貴人，今後你就會知道如何與每一個你見到的人相處，你也會知道如何重視他們。

為了在事業上得到更多的支援和財富，為了達成你更為遠大的目標，為了在生活的道路上得到你應得的好處，你的人際關係就一定要又寬又廣。一旦你與很多人相處得非常好了，你一定會得到你想要的東西。

不要輕易得罪人

在生活中，人要學會相互幫助。魯賓遜，即便是流落荒島，也要有一位名叫星期五的夥伴相伴，更何況身處這一競爭激烈、社交往來頻繁的我們？因此，得罪人是一種剝奪自己生存空間的行為。

得罪人是在剝奪自己的生存空間：

一、得罪了一個人，等同於堵住了自己的一條出路。世界雖然很大，但有時卻會因為得罪人而顯得極其小。當然，這也不等於說你只要得罪了幾個人就沒有生存的空間。你要知道，世界雖然很大，但有時卻會因得罪人而顯得極小，以致在路上都會和自己的仇人相碰，更何況同行同事之間？同行有同行的交往圈子，得罪同行，彼此碰面的機會更大，那多尷尬！而且多麼不利！本來你可以和他合作獲利，但卻因為不小心得罪了他就失去了大好機會，這令人多惋惜啊！

二、得罪了一個小人，等同於為自己埋下一顆不定時的炸彈。得罪了君子，最嚴重的後果是老死不相往來；但要是得罪小人，事情可沒完沒了。他不採取報復，也要在背後對你造謠中傷，為你製造許多惡輿論，你有理也會說不清。

我們說不要輕易得罪別人是原則可依的。當事情有不再忍的餘地時，當正義公理不再能伸張時，還是要有大發雷霆，否則就顛倒黑白，是非不明了。這種雷霆之怒有時會得罪人，雖然有可能為自己堵住一條出路，但也有可能為自己開闢出更多的光明大道。基於這一點，還是不得罪人好。

當你感到自己的利益受到侵害時，或者得不到他人的尊重時，請靜下心來想一想，切勿動氣，也切記不要氣焰囂張、盛氣淩人。因為這種人眼裡只有自己，容不下別人、沒有自知之明。最重要的是，得罪人如果長久就會行成一種習慣，老是壓不住心中的怒火，改不了自己的個性，總會說「反正我

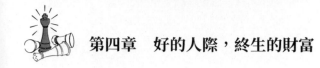

就這樣」，就會將自己推向狹窄的死胡同。

俗話說：「朋友多了路好走！」同樣的道理，敵人多了路就沒法走了！

借用關係走向成功

關係有很多種，什麼樣的關係才會使我們走向成功呢？在我們的日常生活中，除了自己的努力之外，有時與適合的人建立恰當的穩固關係，對我們未來的成功有很大的作用，有些時候，我們僅是因為提到了某些重要人物的姓名，你會發現，成功的機率將會提升很多，因為對方也十分注重那些人物，希望和他們交往。如果你是由一位重要人物引薦給潛在客戶的，你千萬不要以為沒什麼了不起，更不能隱瞞這個事實，一定要找個恰當時機，把那個重要的人物說出來，這樣，對你的成功是非常有效的。

哈利·勃裡是人壽保險代理。有一天，他拜訪了一家小型化學工廠的總裁傑西·博西姆。

勃裡的叔叔布朗是博西姆的一位主要客戶。勃裡這樣介紹自己：「先生，很高興見到你。我是幸運人壽保險公司的哈利·勃裡。最近我為我的叔叔布朗做財產顧問，他向我提到了你。我叔叔對你非常讚賞，他說你會很歡迎我的來訪，就像他歡迎你前去拜訪他一樣。」

看到勃裡抬出了他的叔叔，博西姆當然會給他叔叔一個面子，不會斷然拒絕勃裡，便買了他的保險。因為博西姆知道：如果得罪了哈利·勃裡，就有可能得罪布朗，他以後的生意也就不好做了。

所以，對於我們來說，該用的關係要用，充分借用人際關係，不僅能拉近人與人之間的距離，而且也會使事情辦得順利。

如果沒有人際關係，你就很可能被拒之於門外；如果你擁有這些「人脈」，並且能夠大膽、正確地加以借用，他們就能成為你推銷事業的敲門

磚。所以說，如果你有足夠的人脈，在適當的場合下，就應該說出來，借用他們的名聲拜訪客戶，沒有什麼不妥。如果你擁有這些資源，卻沒有借用，那麼你不夠聰明，你前進的道路也可能會困難很多。

然而，擁有人脈資源是一回事，懂得如何借用又是另外一回事。借用關係的時候，一定要講究技巧，不要做得太過分。

比如下面的一件事：

路易士向他的高爾夫球友、第一銀行的首席執行官西德格‧林斯特打聽銀行裡負責媒體購買的人。找到這個購買人後，路易士這樣介紹自己：「我是頂級產品公司的路易士，西德格‧林斯特向我提到你，說我應該和你聯絡。」

就這麼簡單的幾句話，讓對方一聽就知道他確有實力，有方法，不能得罪，所以，他很順利地得到了幫助。

在現實生活中，每個人都會有逆風的時候。當你在辦事遇到不順，或是四處碰壁的時候，你一定會想：「如果我有足夠多的關係，他們一定可以幫我順利的完成這件工作的。」

現在是競爭的社會，就像是一個無形的戰場，競爭關係越來越激烈。在這個看不見硝煙的戰場上，如果沒有足夠多的人際關係資源，你成功的希望就很渺茫。

我們常說的人際關係，雖然是一種十分微妙的東西，但它時刻存在於我們的身邊。這種無形的東西已經完全滲透到我們生活中的每一個角落，甚至已經滲透到了我們的心靈深處。因此，它不但影響著我們個人的行為，而且也影響和決定著社會的發展，當然也會影響和決定著我們的成敗。只要我們抓住關係並加以充分利用，我們在辦事的時候就會很順利。一旦擁有了完善、實用的關係網，我們就是最後的贏家！

第四章　好的人際，終生的財富

　　成功人士創造出的輝煌，不是一蹴而成的，他們必定是用和諧的人際關係來做根基。現在社會，無論是任何環境，人際關係對個人的發展都起著至關重要的作用。良好的人際關係能使你保持鮮活的、持久的動力。每個人都生活在社會的大群體中，關係就是我們社會交往中不可或缺的橋樑和紐帶。但是人際關係並非短時間內可以建立起來的，它需要我們長期累積，而不能「用人可先，不用人可後」。所以，想要更好的借用關係，就必須學會建立良好的關係。在競爭日益激烈的現代社會，人際關係是一個人生存發展的必備條件。只有好好建立自己的人際關係網路，且善於利用這個網路，我們才能更好的辦好事情，才能在競爭中立於常勝之地。

　　看過《紅樓夢》的人都知道劉姥姥這個人，也有人不喜歡她，覺得她過於低下，但她的確是借用了人際關係，成功得到錢財。

　　劉姥姥是個鄉下寡婦，膝下無子，跟著女兒女婿一家四口，以種地為生，艱難度日。這一年，天已寒冷，但他們沒錢購買過冬衣物，非常苦惱，他的女婿不務正業，卻對家裡嫌東嫌西，劉姥姥實在是看不下去，批評道：「有了錢就顧頭不顧尾，沒了錢就瞎生氣，還算什麼男子漢大丈夫。這長安城中，遍地皆是錢，只可惜沒人會去拿罷了，在家跳塌也沒用」。她的女婿不以為意，劉姥姥就給他講為人處事的道理，後來乾脆挑明：「我倒替你們想出一個機會來，當日你們原是和金陵王家是連過宗的。近年疏遠了。如今只要走動，或許有些好處。」她的女婿終於心動了，但卻不想行動，因為侯門深似海，這八稈子打不著的親戚關係如何攀？思量再三，劉姥姥想到她認識賈府二太太的陪房周瑞家，可以作為介紹人引見，所以決定親自出馬。

　　接下來就有了劉姥姥一進榮國府。經過周瑞家的從中引介，特別是劉姥姥與王熙鳳見面後，她對王熙鳳恰到好處的奉承，坦誠小心的求助，終於打動了王熙鳳的惻隱之心，賞了劉姥姥二十兩銀子外加一吊錢。對於賈府來

說，二十兩銀子簡直是九牛一毛，但對於農家人來說卻是一年也吃喝不完。至此，劉姥姥家脫貧有了本錢。作為一位平凡的貧苦農民，面對家境的貧窮，劉姥姥想到了此計，真可謂聰明。

誠然，劉姥姥一進榮國府的表現不夠理想，她在榮國府門前，神情是那樣的拘謹膽怯、見到王熙鳳時，舉止是那樣的窘急，放不開、得了銀子道謝時，話也說的有些粗鄙。但她老有老的優勢，老關係、老經驗、老面子、老熟人，都是那麼的難能可貴。因此，她果斷做出親自出馬的英明決策。而劉姥姥此舉，還讓她與榮國府的往來又恢復了正常。就這樣，她與榮國府的關係有了基礎，才會有以後的二進榮國府等等。

劉姥姥再次進榮國府，與上一次去就大不一樣了，真可謂是一路綠燈，福星高照。老人家的神情、舉止、言談變化不少，其表現如同公關專家、陪聊高手，成了大觀園最受歡迎的人，也得到了很好的回報。臨走的時候，賈母、王夫人、王熙鳳等人都送了她東西，品種之全，等級之高、數量之多，是讓劉姥姥做夢也想像不到的。細算下來，僅銀子一項，她就得了一百零八兩。此外，還有一大車的東西。這麼多的實惠，足可以使他們一家告別貧困。劉姥姥很了不起！

常言道：「萬事開頭難。」遇到事情總要找人幫忙，人生在世決不可能真正做到「萬事不求人」。任何年代，單槍匹馬的英雄都是不可取的。因此，有關係就要用，哪怕是八杆子打不著的親戚也要攀，不然很難發展起來，對於該用的關係，就要去用，但切記的是：千萬不能在放下架子的同時，也放棄自尊；在捨下臉面的同時，還捨去人格。

劉姥姥的事情提醒我們，有了關係之後就要去用，但這只是成功的第一步，重要的是要將這關係保持下去，發展下去。劉姥姥三進榮國府，每次都有很強的功利性，但劉姥姥不只圖自己的利益，而是注意雙方利益的均

衡，力求互惠互助。劉姥姥處事洞明，人情練達，但他自始至終貫穿著一個「誠」字。所以，她與賈府的關係就會由生到熟，逐步加深。同時，她在賈府中也就慢慢變成受佩服的人，最後還救回了王熙鳳的女兒巧姐兒。劉姥姥本人也由一個受賈府接濟、被賈府人用來取樂的窮老太婆，變成受賈府佩服、敬重的大恩人。

在現實社會，在工作中，我們要充分借用人際關係，能借用的就不浪費。雖然我們可以用很多的方法達到辦事的目的，包括天時、地利、人和。但細加分析，天時和地利大部分都是客觀原因，而人和則是我們的主觀原因，人和就是良好的人際關係。實際生活中，我們辦事都不能離開一定的人際關係。人際關係搞好了，辦事就會主動、順暢，成功率就高，否則，就會變得被動、彆扭，成功率就會大大降低。

從華爾街金融的案例學習珍惜貴人

我們常說要上蒼或佛祖保佑我們「出門遇貴人」。那麼，「貴人」是什麼人？誰是「貴人」呢？這裡的貴人是指對自己有很大幫助的人。

生活中有三個基本要素：自我、貴人、機會。其中，自我是前提，機會是目標，貴人是關鍵，貴人是自我把握機會的必經環節。

歷史上，有貴人相助而成就偉業或擺脫困境的案例很多，比如諸葛亮之於劉備、關羽之於曹操、蕭何之於劉邦和韓信，等等。

古今中外無數事實證明，與貴人的相遇可以作為機會來臨的最大標誌，生活中的任何成功 都是「一半是我，一半是你。」由此看來，貴人，就是我們的生活中不可缺少的人。

貴人在哪裡？貴人無處不在，貴人近在咫尺。貴人就是無價之寶。現在，如果有人問你：「21 世紀成功的祕訣是什麼？」你應該回答的是：「軟

動力人文軟體是成功的資本，人脈關係軟體是成功的資本。」有人會問：「什麼是軟動力人文軟體？什麼又是人脈關係軟體呢？」

自從進入了資訊化社會，我們已經十分熟悉了「硬體」和「軟體」這兩個詞彙，但我們還沒有真正了解「人脈關係軟體」這一詞語的深刻含義。原因很簡單，操縱電腦的雖然是我們人類，但我們還沒有意識到只有形成「人脈關係軟體＋機械＋系統（軟體）」三位一體的模式，才能發揮出強大的力量。

2001 年 9 月 11 日，紐約世貿中心雙子星大樓慘遭恐怖分子襲擊，其程度遠遠超過第二次世界大戰中日本偷襲珍珠港的損失。在這場災難中，美國蒙受的最大的損失還遠遠不是這些看得見的物質上的，而在於失去了大量寶貴的人才。

美國《紐約時報》等主要媒體報導說：「在這一次事件中，幾大主要金融會社的職員無一沒有失去自己的朋友、同事、同學、經營者、客戶。」

紐約世貿中心兩座大樓倒塌以後，遭到破壞的電腦網路很快得到了恢復。但是，華爾街眾多金融專家卻永遠離開了這個人世，他們是累積了數十年金融事業經驗和寶貴的人際關係的華爾街的核心資本，也就是說，只一個電話就能說服客戶，就可以成功的進行巨額融資業務的巨大的人脈關係軟體遭到了沉重的打擊。

很多人把當今社會說成是網路社會，大多數人會把這個網路簡單的理解為網際網路，其實這裡說的網路是除去電腦網路外，還包括人際關係網路，如果說電腦之間的網路就是電腦網路，那麼，同樣的道理，人和人之間的關係網叫做人際網路。正是有了電腦網路和人際網路，才形成了當今的資訊化社會。

在紐約華爾街任職的金融會所職員，就其人數上說，大約有二十萬人左右。以他們為中心的資訊網路左右著紐約金融市場，也可以不誇張的說他們

是在左右著世界經濟。一個華爾街核心人物的網路裡擁有相當於一個中等企業固定資產幾十倍的價值，這是說明人際關係重要性的一個很有說服力的間接佐證。

布希總統就任初期，一架美國偵察機和一架中國戰鬥機曾發生了撞機事故，為此，兩國之間發生了一場爭端，情況很不樂觀。從來以地球村村長稱霸世界的美國，當時卻不知所措。原因是在美國政府內閣中竟然沒有一個了解中國的人。儘管美國與中國的通訊網路是暢通的，但是缺乏與中國的人際關係。

1997 年末，當金融風暴來臨之際，令人尷尬的是當時缺乏與華爾街主要人物之間的人際關係，所以與國際通貨基金組織（IMF）之間的協商也處於十分不利的地位。

由此可以看出，人的因素在任何一件重大的事情上起著決定性的作用。

企業是人類行為的舞臺，而這當中，人才是最重要的資源。如果離開這一真諦去追逐某種成就，恐怕永遠也達不到你預期的目標。尤其是當今社會上，到處可以看到一些年輕人沉溺於電腦、輕視人力資源的本末倒置的現象。這是一個危險的信號，是走向失敗的開始。

要想成功的人，必須首先要自覺開發人的潛力，構築良好的人際關係，而且在那一層人際關係裡必須包含一位「貴人」。只有具備擁有貴人的人際關係，你的事業才有希望獲得成功。

二十一世紀是「資訊化社會」，各種資訊充斥於我們生活的每一個角落，觸角伸到我們工作的四面八方，我們的生活也因此日新月異，豐富多彩，可是我們並沒有因為資訊高度發達而消除了世界各地以及我們周圍的大大小小的隔閡。理由很簡單，因為我們沒有充分認識到人類之貴重的一面，而是過分的追求尖端技術和物質利益。

近些年，幾個比較強盛的國家打著「地球村時代」、「世界一體化時代」等旗號，以強國為中心，只求自己的最大利益，忽略弱小國家的權利和利益，人為的拉大了世界性的貧富差距。他們過分地撇開了人類整體的利益，只追求自己在經濟上的利益和技術上的發展，人的概念在他們的意識裡已經極度淡化了。為此，世界各地的「NGO」，即世界平均主義者都打著「強國在政治和經濟方面越來越強大，而弱國卻越來越處於不利的地位」等口號，紛紛舉行反對世界一體化的和平示威。

也許有的人說，世界的事離我有些遠，國與國之間的貴人也好像與我有些不相干，那麼，你就珍惜身邊的人吧，與人為善，與人和平相處，關心他人，那麼，一旦你自己遇到事情的時候，你會發現貴人會有很多。

成事者善借光借勢

人生在世，縱有千鈞之力，比起天地，還是小者。以我為主去借，借光於物、借勢於人。物和我相對，凡是自身之外一切可以借用之物，無論是人、是物、是事，都可以借來為我所用。所以，想要成就大事，就要學會善於借光、借勢。

許多人似乎一提借光，便覺得是借某人的勢力，這是一個誤區，其實這是很片面的誤解。借權貴名流為自己所用，只是借光的常見形式，實際上，凡是能讓我們為人做事增添光彩的人、物、事、情，都是屬於借光的範圍。例如祖宗、衣服、籍貫、才智、言論等方方面面，不勝枚舉。

我們知道，狐狸是很聰明的動物，由於牠個子矮小，沒有力氣，因此常常處於不利的境地。在森林中，狐狸得不到尊敬，沒有人真正把牠放在眼裡。為了克服這一點，對於狐狸來說，其中的一個辦法就是說服老虎與牠做朋友。通過和力大無比、與令人敬畏的老虎密切交往，狐狸可以伴隨老虎左

右在叢林中四處行走，而且還能享受給予老虎同樣的提心吊膽的尊敬。即使老虎不在狐狸身邊，得知狐狸和老虎交往甚密，也可以保證在叢林中狐狸得以很好的生存。

如果一隻狐狸不能和老虎交上朋友，那麼這只狐狸也應該製造出一種和老虎交往密切的假像，小心翼翼的跟在老虎的身邊，與此同時，大吹大擂牠們之間有著深厚的友誼。這樣做，便能製造出一種印象，那就是老虎時刻關注著狐狸的安危。

狐狸的這種做法，就是典型的借光。這個狐假虎威的古代智謀，原指狐狸仗著老虎的威風嚇唬別的野獸，一般指借著別人的威力欺壓人。從謀略學的角度來看，指陰謀家借助外力增長自己的勢力和威風，達到戰勝對手的目的。狐假虎威之謀，在世人眼中似乎不算奸詐，主要有狡猾之嫌，故更有必要研究。這種詭計和常說的狗仗人勢、拉大旗作虎皮、借刀殺人、挾天子以令諸侯等的意思很是相近。

現實生活中，可以向哪些「老虎」借光呢？下面簡略舉幾個主要類型：

「老虎」是位強者，他和你擁有同樣的夢想，且對於你的事業他願意幫助。

「老虎」可能是一位強者，為了雙方共同的利益，情願伸出手，助你一臂之力。與此相仿，你是否注意到許許多多的小鳥在大水牛的背上，牠們吃掉水牛背上的蝨子與蚊子，讓水牛免遭虱蚊噬咬之苦，而水牛則為小鳥提供溫飽棲身之處與保護。

「老虎」也許是一個協會或者組織，他的觀點與夢想和你的相同。通過跟別人攜手合作，同心協力，你能夠製造出老虎就在你跟前的這樣一種必不可少的情形。

「老虎」或許是你的一種政治關係。通過支援適當的候選人，你可以創造出一位合作的夥伴。

「老虎」也可能是你的工作頭銜或者職位。勢單力薄的孤家寡人，會很微不足道。然而，如果你能為一位能夠呼風喚雨、有權有勢的雇主工作，那你就不再僅僅是一位讓人瞧不想勢單力薄的孤家寡人了。

「老虎」或許是你的才智，或者是你的職業。假使艾薩克‧斯特恩 (Isaac Stern) 從來沒有拉過小提琴，那麼他可能永遠也不會成為我們今天所認識的艾薩克‧斯特恩。通過精通這種樂器的本領，艾薩克‧斯特恩成了舉世聞名的人物。同樣的道理，不管你從事哪種行業，你的職位都可能成為你的「老虎」。

如此說來，「老虎」並不是僅僅指達官貴人、社會名流，這是值得我們重視的一點。生活中的「老虎」當然不僅限於以上六種，我們還應該隨時注意那些能讓我們提高形象和聲響的人物和事情。

當然，在為人處世的過程中，除了借光，還要學會借勢。借勢是一種重要的方法，它的形式各式各樣，借助他人的計策來達到自己的目的是一種常用的方式。

美國國際商用機器公司，即 IBM 公司從 1960 年開始。一直控制著商用電子電腦的國際市場。面對這種局勢，日本通產省曾經大聲疾呼，要求日本在半導體電子電腦領域趕上和超過美國。但是，日本電子電腦廠卻覺得，和美國的這些同類公司競爭並不是一件輕而易舉的事情。

在經過了冥思苦想之後，日本的一些企業家想出了一個主意，他們覺得，如果能夠事先通過某種手段弄到美國國際商用機器公司的新機種資料的話，就可以很大程度上縮短趕上和超過美國的時間。為此，一些日本的商業間諜就開始了活動。

日立公司在 1980 年 11 月通過商業間諜，從美國國際商用機器公司的一個名叫萊孟‧德卡戴特的職員那裡，得到了該公司新一代 308x 電腦絕密設計資料。這是一套具有重要價值的資料，一共 27 本。然而，這一次日立公司

只得到了 10 本。為了得到另外的 17 本，日立公司繼續採取行動，由日立公司高級工程師林賢治出面，向和日立公司有業務往來的馬克斯雛爾‧佩利發去一份電報，請他設法得到剩下的 17 本資料。

在佩利辭職前，曾經為 IBM 公司工作了 23 年，他之前曾經擔任公司先進電子電腦系統實驗室主任。佩利深知新機種資料的價值，同時也明白自己和公司的關係。因此。當他接到日立公司的電報後，立即把此事告訴了 IBM 公司。負責公司安全保衛工作的查理卡拉‧漢普在美國聯邦調查局任過職，他聽了佩利的敘述後。決定將計就計，以間諜來反間諜。他讓佩利充當雙重間諜的角色，主動接近日立公司的林賢治。目的是摸清情況，掌握日立公司的證據。同時，在聯邦調查局的參與下，又採取了誘敵深入的方法：由 IBM 公司宣布，有兩名接觸過絕密設計技術的高階工程師即將退休，然後誘使日立公司通過這兩名工程師獲取資料。

日立公司果然上鉤了。1982 年 6 月，聯邦調查局逮捕了日立公司前去拿情報資料的職員。日立公司竊取 IBM 公司情報的證據被抓到，受到了起訴。1983 年 3 月，舊金山法院判處日立公司林賢治 4 萬美元罰款，緩刑 5 年，參與此案的大西勇夫 4 千美元罰款，緩刑 2 年。全部被竊取的資料都被 IBM 公司追回。

日立公司利用間諜計竊取機密，而 IBM 公司卻用了反間計，以其人之道還治其人之身，結果以日立公司以慘敗而告終，足以見得 IBM 公司道高一丈。

在對對手的謀略有了充分的認識與了解的基礎上採取以其人之道還治其人之身的謀略。然後在對手的計上用計，使對手陷入圈套，這正是這個策略的核心。

由此可見，假借他人，完成自己所要辦的事，既是辦事的具體表現，又是借勢辦事的一種方式。要使他人自然而然的為自己辦事運用這種方式很有必要。

大多人渴望已久的成功手段就是借光得利、借勢而起，但是又有幾個人能得到這種美好的效果呢？小人總是喜歡採取「偷」的方式得到一點光、一點勢，卻不知這根本成不了大氣，諸葛亮借人得利、借勢而起，完全顯示出了一種高遠的政治家的情懷，他高瞻遠矚，靠輔佐別人，來成就自己的事業。

所以，想成就一番大的事業，借光、借勢，有時對我們來說，比我們自己摸索還可以早一日達到成功！

結交比自己身分高的人

在社會上，由於學識、修養、經歷、地位不同，人就有平常與尊貴之分。這樣的層次差別在人際活動中表現得非常明顯。正所謂：「物以類聚，人以群分」。依照層次的差別，人們的交往物件也大不相同。同時，由於每個人的地位、身分在不斷變化，其層次也隨之變化，同樣交往的對象事物也會發生變化。儘管交際場上有層次的差別。

但並不是說尊貴者與平常之人就沒有交往，而只是說不同層次的人之間存在一定的溝通障礙。事實上，生活中有很多人能夠打破層次障礙與各層次的人進行正常的交往。

結交身分高貴的人有助於自身價值以及影響力的提高，一名優秀的男士對此應該有所把握。那麼，怎樣才能打破彼此間的層次障礙與身分高的人正常交往呢？

首先，應該保持嚴謹的態度，尊重對方。

小許是國中老師，由於自身的才華以及良好的教學成績得到某位上司的賞識。這位上司原本也是一名教師，是平易近人的性格。儘管他與小許素未謀面，但是從各方面了解到小許的才華，便約小許與他聊聊。小許接到通知後非常高興。但是小許並沒有在上司面前忘乎所以，言談舉止一直都很嚴

謹，非常有分寸。上司雖說多次要小許隨意些，但看到小許嚴謹舉動還是發
自內心的高興，覺得沒有看錯人。後來，小許在上司的栽培下得到了出國深
造的機會。

很多人都知道與身分地位高者交往一定要尊重對方，但是要注意千萬不
要奉承，而應該不卑不亢。尊重是有原則、有真情的。如果為了達到某種目
的而不知廉恥，以阿諛奉承來討好對方，就只能讓尊貴者反感、嫌惡、痛
恨，因為阿諛奉承來自於虛情假意，往往別有用心，當然，不排除個別有好
大喜功、樂於聽奉承話，但是這樣的人無疑是不牢靠、不可信的。

由於身分高者往往在閱歷、學識上都高我們一籌，因此與他們交往時常
令我們肅然起敬，但是，有些人不僅有敬意，還因倍感壓力而噤若寒蟬。其
實，這是沒有必要的，他們也是與我們平等的交往，只需要互相尊重而已。
如果因為拘謹而動作走形，言語囁嚅，自己的交際魅力就會大減，對方也會
感到彆扭。這樣就難以贏得對方的認可和尊重。

小斌是個有才華、求上進的青年人，但每次與一些德高望重的前輩交往
都以失敗告終。原來，由於他過分拘謹，窩窩囊囊、畏畏縮縮的樣子讓前輩
們大失所望，因此失去了很多機會。

要讓尊貴者看到自己的信心以及勇氣，這樣才能得到對方的嘉許。

當然，展示自己的信心之前，還要注意到他們的身分，千萬不可喧賓奪
主。在社交場上要甘做配角，讓他們成為交際的主角。這不僅是交際的現
狀，更是流傳千年的交際規律。有人認為，這樣自己就會失去表現的機會，
失掉身價。事實上，這樣不僅不會損害自己的身價，還會取得尊貴者的信
任。如果不能擺正這層關係，往往會適得其反，造成不良的交際後果。

小軍嗓子很好，能熟練的唱出各種京劇腔。他希望自己能夠遇到「伯
樂」，得到有名望的前輩的提攜，一展自己的才華。在一次晚會上，有位有

名氣的藝術工作者即興唱了一段京劇，雖然唱得不算好，還是贏得了掌聲。小軍聽了，心中想道：「如果我也唱上一曲，說不定他會有知音之感。」於是，小軍在臺下與那名藝術前輩展開了京劇對唱，只聽他唱得嘹亮高亢，但是，那名前輩並沒有他想像中的那麼高興，反而唱得越來越不自然。其實，這就是喧賓奪主的結果。

　　無論怎樣，與身分高貴者交往都應該有原則、有條理、有方法。對身分高者不僅要尊重、不卑不亢，同時不能奉承、喧賓奪主。在社交場上面對身分高者，應該主動積極，充滿真誠，先邁出一步，這是尊長敬上的美德，同時也是交際的慣例。如果你不主動去結交，那麼他即便先來結交你，心中對你也不會有好印象。

從對方立場著手

　　在生活中我們常常發現，對方根本就沒道理，但他自己毫不自覺，有時還自以為是。這時我們切勿譴責他，而應該試著去了解對方，從對方立場著手。

　　對方怎麼會這樣想這麼做？他一定有他自己的理由。只要你能發掘出那隱藏的理由，就能明白他的行為與人格了。假如這時你自己對自己說：「如果我在他那種處境中，我會有何反應？」這樣就能省掉很多煩惱。如果讓自己的提案得到對方的共鳴，就必須設身處地為對方設想。當然，這必須經過理論和感情這兩個途徑。

　　理論的途徑是先將對方所說、所想的理論給予鼓勵，然後再把自己的主張趁機加上的方法。

　　比如，同對方說：「你所想的事，從這個觀點來說的確十分合理，而且在別的方面也考慮很周詳，是很了不起的判斷。」就是先以理論來證實對方

的想法。如此一來，對方就會覺得你站在他的立場。按著，再向對方說：「不過，此一部分如能這麼做的話，你的想法將會更完善了。」如此一來，就能把自己的主張加進去。

這樣透過在理論上認同對方，再趁機把自己的想法混進去，如此就能順理成章的把自己的意見和對方的合二為一。

一位大學老師說：「在與人會談之前，我寧願在他辦公室外等上兩小時，也不願進辦公室後說出和他想法不同的言語。」的確，如果你沒辦法說出和他想法一致的說法，那不過是在浪費時間。

關於感情上的途徑，是在與自己目標不矛盾的部分，徹底配合對方，以便拉攏對方的感情。

比如，你想推銷保險時，對方卻洋洋得意的說，他對保險公司的內幕一清二楚，這時，你可千萬別說：「不！那個現象已經過去了！」、「你沒搞錯吧！」等等這類的言語。加以反駁其實是最拙劣的方法。你的目標既然是推銷保險，那麼除了與保險有直接關係的月付金額、交款方式等公司要求的事項，除此之外的任何事，都應徹底接受對方的所有看法。

例如，先贊許對方的知識，之後再說：「你頗有研究，那我也就不敢馬虎了。」這對任何人聽來，心裡都很舒服。心情一愉快，就容易迎合你的意見。如此一來，你就能達到最終目標。但有一點不要忘記，那就是清楚自己的「最終目標」。

從對方立場著手，為對方著想，對方也會把你視為自己人，也會站在你的立場思考問題，相互溝通就很容易了。

與陌生人交流的技巧

茫茫人海，我們大多時候遇到的是陌生人。有的人，無論走到哪裡，都

能有很好的聊天對象；有的人，即使身處職場，身處在熟悉的人中，也照樣開不得金口，木訥無言。

其實，如果你掌握一定的技巧的話，同陌生人攀談並非難事。下面是一些簡單有效的技巧：

第一，找到那些可能願意與你交談的人。事實上，許多人都樂意借機結識一些新的面孔。比如在候車室，那些獨自一人，沒有事情，東張西望的人，正是你的首選。

如果對方沖著你笑，而且不止一次的帶著欣賞的眼光看著你，說明對方對你有感興趣，很希望和你聊一聊。

如果對方是異性，他們還會以別的方式來引起你的注意，比如整理衣服、梳理頭髮等動作，或是故意把正在看的書偏向於你、或者故意讓你注意到他在看你，這些都表明他想和你交流。

第二，如果你選定了交談的對象，接下來就要試著向對方笑一笑，用目光示意你們可以交談。如果對方也以微笑相待，那麼你就可以試著開口說話。

交談的內容可以從對方看的書入手，也可以說一些無關對方與自己事，比如你們看到的見聞，但要注意不要談論周圍人的是非。要以善良的態度去說話，讓對方覺得你可以信賴，可以一聊。

儘管很多人都努力尋找最好的談話題目，但其實這些並不是很重要。重要的是抓住機會和對方進行交流，你所說的話不一定要非常有智慧，或是深含意義，但只要誠懇，哪怕是極普通的內容都行。如果對方感興趣，他會透露出一些他的資訊，這樣就有助於你們找到共同的興趣，談一些更加有意思的話題。

歸納起來，聊天的內容很簡單，不外乎三個方面：

1. 環境
2. 對方
3. 自己

交流的方式也基本上有以下三種：

1. 提問題
2. 發表看法
3. 陳述事實

剛開始你的主要目標應該是表示感興趣或者讓對方感興趣，所以最好的開始方式就是提問，但注意不要問的太多。發表自己的意見效果也不錯，事實證明，這比僅僅陳述事實更好。

總之，「見機行事」是與陌生人交流中永恆不變的技巧，談得多了，自然也就精通此道了，那麼你的人生也就不會寂寞了。

第五章　坦然面對，力求改變

有些事情我們必須要去接受，有些事情我們可以做得更好。在面對林林總總的事情時，要以一顆平常心坦然面對，能接受的要接受，不能接受的要力求改變。

不平等存在卻可以改變

常言道：「眾生平等」世界各國也都把平等作為一項必要的人權來加以強調，可見平等何其重要。

可時至今日，真的能夠絕對平等嗎？答案恐怕有些含糊。所以這句話也只能是人類追求的一種理想而已。

在現今社會貧富差距日益拉大的狀況下，社會階層成為主要標準，經濟狀況直接決定了各階層的劃分。

我們必須承認，這種狀況在不久的將來仍然會在一定程度上存在。有的人一生下來便可以榮華富貴，而有些人一生下來便過早的挑起生活的重擔。

每個人所降生、成長的環境，對他們一生都有很大的影響。家境富裕，受過高等教育的父母，對待孩子的方式和影響，與貧民家庭相比，一定有很大差異，這使得一些人非常羨慕，甚至嫉妒他人伸手即得。

一位從鄉下來城市的人說：「我出生在一個鄉下地方，父母都是普通工人，家境很差。25 歲那年，我到這大城市做臨時工，一做就是五年，現在已經 30 歲了，馬上面臨結婚，不僅沒有適合的房子，連個說心裡話的人也沒有，整天孤獨寂寞。這日子不知還要過多久。如果自己出生在大城市，出生在有錢人的家庭就好了。」

不可否認，環境會影響一個人的形象，也會牽涉人們做人做事的方法。

在公車上、在行走途中，我們會很自然的會躲開那些衣著骯髒、渾身異味的人，其實這不只是什麼嫌貧愛富的問題，而是我們所成長的習慣，讓我們不能容忍他們去弄髒自己，而那些被躲開的人也有他們的無奈。他們身處的環境，不能給他們提供良好的環境來改善自己。

你或許會因為遇到這樣那樣的困難，因為承受不了壓力，而陷入無法自

拔的境地，比如：事業失敗，妻子離家，或者因為疾病，而想到了自殺。

但是，在逆境中，有的人一蹶不；有的人卻可以正確對待。其實，只要活著，就不可避免的要遭遇到各種困境。「榜樣的力量是無窮的」，多多向那些堅強樂觀的人學習，學習他們如何從逆境中走出來，積極進取，才是成功的法寶。

一個出身於社會底層的人，要取得成功，必須要付出比一般人多得的努力。只要努力了，就一定可以改變自己的環境。

最有名的例子莫過於美國著名的平民總統林肯的故事了。

林肯小時候家裡很窮，他的父親是個鞋匠，但他不甘心於在做一個鞋匠，經過多年努力，他終於成為著名的律師。這還不算，他不僅由貧民階層提升到中產階級，後來還成為了美國總統。

林肯的例子表明，社會階層儘管比較難以改變，但也並非終身制。

被譽為「香港商業超人」的李嘉誠，是香港最大的財神。李嘉誠祖籍廣東潮安，小時候由於家裡很窮，他幾乎沒有機會讀書。後來他到了長江制衣廠，因為工作表現優異，二十歲時，便在廠中擔任要職。後來他投資房地產，在市場低潮及社會動盪中大量購置房地產，使得累積的財富越來越多，其創辦的長江實業集團也成為香港最大的地產集團。

李嘉誠靠自己的努力，由一個窮光蛋變成了億萬富翁，他改變了自己原本的階層，加入到了新的階層。

社會運動革命者馬克思、恩格斯都出生於資產階級家庭，受過良好的教育。如果按一般規律發展，他們都會成為社會中的上層階級，但是他們卻對現實不滿，對不平等的社會制度不滿，毅然背叛了其原來的階級，加入到了無產階級的行列。他們利用手中的筆向人類不平等的社會發起進攻，寫出大量批判資本主義制度、鼓舞工人起來鬥爭的文章。

縱觀古今中外的歷史，一代代偉人，一位位成功人士，無一例外的都是通過自身艱苦奮鬥而改寫了命運，改寫了歷史。所以一切從零開始，一切都隨我們的意願而發展，這也是一種優勢。

不氣餒，不怨天尤人，努力進取，就能改變我們的命運。

用勇氣去創造機會

我們常說「機會面前人人平等」，那麼我們是等機會來找我們，還是要自己設法創造機會，相信幾乎所有的人都會選擇後者。

有一個人在一篇短文中提到，他年輕時，曾陪著妹妹去報考音樂學校。他會彈鋼琴，所以就理所當然的幫妹妹擔任伴奏。

到了考場，妹妹心情非常緊張，因為要面對五位教授放開嗓門唱歌。不過，哥哥告訴妹妹說：「不要緊張，放輕鬆些，儘管唱，不管唱的快還是慢，我的鋼琴伴奏都會全力配合你。」

終於輪到妹妹上臺了。妹妹站到了臺上，深吸了一口氣，遞給哥哥一個眼神。哥哥開始了美妙的前奏。

聽到前奏後，妹妹開口唱了起來。

妹妹的歌聲真的很嘹亮，可是，不知為什麼，突然間歌聲停止了。

會場的氣氛瞬間凝固，在場所有人的眼睛都盯著臺上的妹妹。

可憐的妹妹由於太緊張了，忘詞了。坐在旁邊彈琴的哥哥焦急萬分，看著妹妹愣在臺上，心想：「唱啊，趕快唱啊，怎麼不唱了？拜託，你練了三年的聲樂，怎麼只會唱三個字而已？」

就在妹妹紅著臉，準備要下臺的那一刻，擔任伴奏的哥哥站了起來，快速的走到評審前面，向五位評審深深的一鞠躬，然後說：「對不起，可不可以再給我妹妹一次機會？」

　　哥哥一說完，沒等評審說好或不好，他就快步走回鋼琴旁，坐了下來，又開始彈起前奏。這一次，妹妹放鬆心情，重新嘹亮的唱了起來。

　　就這樣，妹妹把這首歌從頭到尾，毫無瑕疵，毫無忘詞，一氣呵成的唱完了。

　　走出考場，哥哥陪著妹妹回家等消息。過了一段時間，妹妹接到成績單時，高興得跳了起來。因為她考上了那所理想的學校。

　　看到這個故事，你也一定會認為妹妹能夠考上這所學校，最大的功臣當然是哥哥。如果當時妹妹忘詞後，就紅著臉下臺，那麼她絕對考不上這所學校。正是因哥哥的勇氣在妹妹忘詞的情況下，能夠主動、勇敢的走到評審面前，請求評審再給妹妹一次機會，創造了機會，逆轉了形勢，化不可能為可能，才為妹妹爭取了再來一次的契機。

　　所以，「只要有勇氣，不怕沒戰場；只要有勇氣，就會有榮耀！」

　　人們所缺乏的，常常就是「勇氣」。放棄，只要一句話就可以；而成功，卻需要一輩子的堅持。

　　再講一件事。多年以前，有一個人從美國獲碩士回國，參加一次記者徵才會。他在最後一天、最後一刻報名，所以被排在最後一號。

　　那天，有近兩百人參加筆試，之後，他選上了，參加了試鏡。

　　考試當天，他很緊張，因為比賽規則是拿到一份新聞稿，只能看兩分鐘，就要立即坐上主播臺，面對攝影鏡頭報新聞。

　　輪到他時，他硬著頭皮，坐上了主播臺，故作從容，把新聞稿念完。可是，他太緊張了，不夠沉穩，所以聲音也有些顫抖。

　　試鏡結束後，他很苦惱，他的實力原本不只如此，此時，他鼓起勇氣，舉起手，對著攝影棚內的導播說：「導播，我剛才表現不太好，有點失常，我可不可以再錄一次？」

導播笑了笑，搖搖頭，表示「不可以。」

可是，他仍不放棄，又懇求說：「導播，我真的可以表現得更好。我是最後一號了，後面沒有人了，請你再給我一次機會……」

導播有點猶豫，最後勉強的說：「好吧！」

於是他再一次面帶微笑，鎮定的把新聞稿重新播報了一遍。

最後，在經過過五關，斬六將似的考試之後，他以第一名的成績，進入了這家電視臺，當了兩年記者，這也是他人生之中，非常值得回憶的記者生涯。

有人說：「成功的人總是創造機會，好上加好；失敗的人總是恐懼退卻，拒絕嘗試。」

其實，每個人都可以為自己「創造機會」，進而「逆轉情勢」。因為，與其默默的接受失敗，不如主動地站起來開口請求，很可能就會有轉機。

那麼，我們如何抓住機會呢？哪怕是只有1％的可能，只要你有勇氣，你便一定會有機會，從而扭轉命運，反敗為勝。

過河拆橋的新意

「過河拆橋」一詞，最早出自《元史‧徹裡帖木耳傳》，治書侍御史普化消有王曰：「參政（指的是徹裡帖木耳）可謂過河拆橋者矣。」

後人的解釋為：自己過了河，便把橋拆掉。比喻達到目的後，就把曾經幫助自己的人一腳踢開。

毫無疑問，「過河拆橋」是貶義詞。

但是，就是這樣一個為人不齒，最不願被別人引用到自己身上的詞語，卻成為世界上第一位教導成功哲學的鼻祖拿破崙‧希爾 (Napoleon Hill) 在其暢銷作品《思考致富》中提出的一個成功法則。

這裡的「過河拆橋」可不是叫你忘恩負義，而是告訴你在要達到一個目

的地之前，要把自己的後路斬斷，讓自己無後路可退，只有勇往直前，這樣你才會堅持到底，不會半途而廢。

這時，大家會想到另一個詞－背水一戰。我想大家應該都知道這個故事：

古代一位將軍帶兵打仗，要過一條河，過橋後，前方就是敵軍陣營。將軍命令士兵們把橋給拆了，士兵們驚慌失措，萬一敗了陣，沒有退路，那不是死定了？

但將軍堅持命令要拆橋，大家不敢違抗。士兵心想：「我們已無路可退，為了活命，只有奮勇殺敵，取得勝利，才能保住性命。結果士氣高昂，人人爭先，銳不可擋，以寡敵眾，大獲全勝。」

世界第一名心靈導師東尼‧羅賓斯 (Tony Robbins)，二十一歲時，就到處上電視台、廣播頻道舉辦現場治療心理障礙會，並宣稱自己無所不能。同時，他還通過電話療法，治療了許多人的恐高、怕蛇、怕黑等症，連偏頭痛他也治療，震撼全美，一舉成名。

有人私下問他：「難道你每一次都能成功，從沒有治不好的時候嗎？」

他坦率的說：「當然也有失敗的時候，可是都是在私底下發生的，當著觀眾發揮時，每一次都能成功。」

原來他是利用這種當眾誇口之後所產生的心理，獲得了一次又一次的成功，那就是：無後路可退，背水一戰，一定要治好別人，否則名譽掃地。

當年，世界首富比爾蓋茲在尚未完成軟體程式設計時，就對外宣稱他已設計出一套新軟體。簽下合約，收了費用後，他才回家廢寢忘食的拼命工作，在履行合約期限之前，設計出了產品。

有的成功人士是把自己置於一後退便會摔得粉身碎骨的懸崖邊，逼迫自己只能向前不能後退，才取得了成功。

有一個成功的推銷員說：「以前，我很怕向陌生人推銷產品，收入也總

是不高，直到有一天，我斗膽對朋友說：「我要是不能去馬路那邊向那位陌生人推銷產品，回來就被車撞死！」，過了馬路準備向陌生人推銷時，我想到此時回去也不可能了，因為朋友正在後面看著，於是終於開口向陌生人介紹產品，直到賣出去為止。從此，一直困擾我的那種向陌生人推銷產品的障礙被克服了。」

如果你以騎驢找馬的方式來從事一份事業，事業不會有什麼成功的機會。

斬斷後路，下海創業，堅持奮鬥，才是最有可能獲取成功的人。

「過河拆橋」並不是提倡每個人都冒然行事，而只是要大家經過深思熟慮，明確真正目的之後，就應該義無反顧，以無回頭路看待事情，直到成功。

從瑪雅的經歷換個角度看問題

在瑪雅的生活經歷中，有一段事讓她終身難忘。

勇氣很大的瑪雅隨丈夫從軍，他們被分到了沙漠地帶。那裡的條件十分艱苦。令她難以想像的是，在那裡先不說住的是鐵皮屋，還要與周圍的外國人打交道，因語言不通，所以交流起來也很困難。但這些都沒關係，時間久了就會熟悉了。但最讓她難以忍受的是，當地高溫天氣，連仙人掌陰影下的氣溫都高達華氏125度，碰巧的是又趕上丈夫奉命遠征，留下她自己在環境惡劣的沙漠中生活。為此，她整日愁眉不展，度日如年，感覺不到生活的樂趣，她開始想念家鄉的好，懷念父母的愛。無奈中她提筆給父母寫了一封信，信中她極力描述了自己的處境是多麼的困難、是多麼的艱苦，並向父母表達了自己想回家的心意，希望自己的父母看了信能夠支持她。信寄出去以後，她天天期盼著父母的回信。終於有一天，父母回信了，但信中的內容使她大失所望。信裡只有一張薄薄的信紙，上面是一個簡短的故事。

従瑪雅的經歷換個角度看問題

　　故事是這樣的：曾經有兩個囚徒，他們被關在陰暗的監獄裡，唯一可以讓他們見到外面世界的地方就是那扇鐵窗。一個人每天看到的只是一成不變的泥土；而另一個卻天天可以享受天空中星星變化形成的美妙景觀。瑪雅開始非常失望，心裡在埋怨著父母，為什麼在這麼惡劣的環境中父母不支持她回家。但最後她反復閱讀這個小故事，終於弄懂了其中的意思，不出的笑了笑，感謝父母對自己的支持，也很感謝父母為她的人生上了一堂不同尋常的課。

　　她想：「自己以前的生活就像第一個囚徒，只看到地上那一成不變的泥土，自己是那麼的悲觀，從來沒有抬頭看過，當然也就沒有發現天上漂亮的星星。不管怎樣，自己太過於悲觀了，壞的一方面肯定也有好的一方面，只是自己沒認真觀察，或者說自己根本就沒心去觀察！」從這以後，她開始主動和那些外國人交流，他們也都十分好客、熱情，慢慢的與他們成了好朋友，而且他們還送給她許多珍貴的陶器和紡織品作禮物。為此，也增加了她對生活的信心。為了豐富自己的生活，她還研究沙漠的仙人掌，在研究的過程中，她被仙人掌的千姿百態吸引住了，深深的沉浸在仙人掌的世界裡。她的生活開始變得美妙了，她欣賞沙漠的日落日出，她感受沙漠的海市蜃樓，她享受著新生活給她帶來的一切。心情逐漸好了起來，以前的愁容消失得無影無蹤。她每天都彷彿沐浴在春光之中，置身於歡聲笑語之間。她回到美國後，把自己的這一段真實經歷寫成了一本書，名字叫《快樂的城堡》，當時這本書在美國引起了很大的轟動。

　　世界上的萬物相生相剋，相互交錯，也彼此制約著，所以說，任何人和事都有優點和缺點，只是我們看待問題的角度不同而已。不要總是做一個悲觀者，時刻嘗試做一個樂觀者，即便真的是惡劣的問題，換個角度想想，你就很自然地能想到蘊藏在其中的快樂！

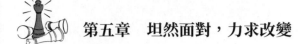

要學會認輸

　　幾乎大多數的強人都不喜歡聽到「認輸」一詞，甚至在他們的字典裡根本就沒有認輸這個詞，在這些人的思想裡只存在：「前進，前進……」，但如果以現代人的眼光看這種思想，就顯得有些古板。所以，為了適應時代的發展，我們更需要學會變通，學會認輸。

　　學會認輸，並不是一件多麼困難的事，舉個最貼切的例子來說，就好像手上得到一副爛牌時，就不要再希望這一局贏家是自己，而是儘量讓對方少得一些分，這樣才能為下次得分奠定基礎。

　　可實際生活中，能像這樣精明理智的人少之又少。如果我們可以運用這個道理來經營你的人生的話，想必會有與眾不同的收穫。

　　我們知道，牆頭草的形象在人們心中的印象似乎不是很好，因為它左右搖擺不定，哪邊風大就倒向哪邊。大多數人都不喜歡它，認為它們沒有原則性。所以大多數在挖苦一個人的時候也會說：「牆頭草，隨風倒」，如果換個角度來看這個問題，就是為人應有一種骨氣。

　　誠然，為人處世缺不得骨氣。但適機而動也是必要的，這也是一種大智慧。唯物辯證法告訴人們事物總是具有兩面性，利弊結合。正如孔子所說：「擇其善者而從之，其不善者而改之」牆頭草固然是左右搖擺，可是卻也說明了它懂得如何變通，它們可以向勢力強大的一方認輸，這不失為一種生存之道！自知身單力薄，生性柔弱，與強風勁雨抗爭純屬徒勞，索性適機而動，因風而搖。這樣不但保全了自己，還創造了發展空間，何樂而不為呢？

　　然而與牆頭草相對的海中礁石，雖然具有一副頑強的傲骨，敢與海浪爭鋒，屹然不動，不屈不撓，結果呢？落得千溝萬壑，傷痕累累。學會認輸，最關鍵的一點就是要面對困難及時調整心態，改變固有思維，衝破以前的常規。

　　人們經常認為不屈不撓、百折不回的精神才是值得人們尊崇的。但經過大量的案例證明，一些能成大事的人都有變通智慧，面對強大勢力勇於低頭認輸，從而獲得成功。

好馬也要吃回頭草

　　有這樣一則寓言故事，講的是一匹優良的馬從草原上經過，看見眼前全是綠油油的青草，於是牠便一邊向前走，一邊隨便地吃幾口。

　　在牠越走越遠，而青草卻越來越少的時候，牠卻已經接近沙漠的邊緣了。只要牠回頭走，就可以重新吃到新鮮美味的青草了。不過，牠堅持自己是一匹精良的馬，好馬不吃回頭草。於是，牠最終飽受饑餓的折磨，倒在了沙漠中再也沒有起來。

　　像如此有「骨氣」的人，在古代，寧可被活活餓死也不會屈服，的確是很偉大，可是有時候，你並沒有把「骨氣」和「意氣」劃分得清楚。絕大多數人在面臨該不該退讓時，都把意氣當成骨氣，或者用骨氣來包裝意氣，明知「回頭草」又鮮又嫩，卻怎麼也不會回過頭去吃。

　　你不吃回頭草結果就會餓死，而吃回頭草時，又會碰到周圍人對你的非議。其實你吃你的草，不要顧忌那麼多，你只要填飽肚子，養肥自己就行了！何況時間一久，別人也會忘記你是一匹吃回頭草的馬，甚至當你回頭草吃出成就時，別人還會嘆服你：果然是「好馬」一匹！

　　當面對殘酷現實的時候，餓死的「好馬」就變成了「死馬」，就是再好也只是一匹死馬了。

　　在現實的生活當中有許多這樣的例子：A君因故被炒魷魚，一個星期後，老闆要他回去，他以：「好馬不吃回頭草！」而憤然拒絕。

B君被女朋友所甩，可是過了一段時間後，女朋友回頭向他認錯，希望能重歸舊好，B君也以：「好馬不吃回頭草！」無情地回答。

　　這句「好馬不吃回頭草」讓許多人不知喪失了多少絕好的機會。絕大多數人在面臨該不該回頭時，往往會意氣用事，明知「回頭草」又鮮又嫩，卻是怎麼也不肯回頭去吃，自以為這樣才是有志氣。所以，在面臨回不回頭的選擇時，你要考慮的是現實問題，而不是面子問題與志氣問題。

　　再比如，現在有沒有「草」可以讓你吃？如果有，這些「草」能不能吃飽？如果不能吃飽，或者目前無「草」可吃，那麼未來會不會有「草」可吃？還有，這回頭草本身的「草色」如何？值不值得你回頭去吃？

　　歷史上有這麼一段故事：

　　袁世凱在甲午戰爭後，他的北洋勢力迅速的崛起，袁世凱在李鴻章之後擔任直隸總督兼北洋大臣，手中掌有六鎮新軍，在當時是權傾朝野的實權人物。投機政客江朝宗找關係、走後門，終於攀上了老袁這棵葉茂根深的大樹。江朝宗為了討好袁世凱，不惜破費許多錢財上下打點，最終取得了袁世凱的信任，並為自己打開了升官發財的道路。

　　可誰知天有不測風雲，人有旦夕禍福。1908年慈禧與光緒帝相繼去世，載灃攝政。為報袁世凱在戊戌變法時出賣他大哥光緒帝的一箭之仇，載灃上臺後首先罷免了袁世凱的官職。

　　在袁世凱大勢已去之後，任軍機大臣陸軍部尚書的是滿清親貴鐵良。從此，鐵良成為了當時朝中的實權人物。

　　本就是一個趨炎附勢之徒的江朝宗，在看到袁世凱失勢後，後悔莫及，只怪自己當初走錯了廟門，白花了那麼多的冤枉錢。經再三的深思熟慮之後，他決定投靠鐵良改換門庭。

好馬也要吃回頭草

　　江朝宗帶了許多厚禮，去面見鐵良，二人臭味相投，鐵良經江朝宗一陣的吹捧和讚揚，已飄飄然。這時，江朝宗趁機向鐵良獻策說：「袁世凱的六鎮新軍不聽調遣，我看不如把他們分開。另外，我們還要在北京設立一個稽查處，以便專門處置新軍中有越軌行為的官兵。只有這樣袁世凱在新軍中的勢力才能逐步剷除。」

　　鐵良此時正在為怎樣控制新軍的事發愁，聽了這個計策，正中下懷，對江朝宗非常賞識，遂予以重任。

　　由此，江朝宗得志，每天坐著八抬大轎，前呼後擁，無人可比。但是，這種情形維持不了良久，幾年後袁世凱東山再起，清朝滅亡，民國開始興起。袁世凱還當上了中華民國的大總統，又成了萬人之上的人物。

　　看到袁世凱重新得勢，江朝宗沒有辦法，便吃起了「回頭草」。他帶上厚禮，去拜見袁世凱，一見到袁世凱，他便痛哭流涕的向袁世凱表明，說明自己的一片忠心。袁世凱明知江朝宗是個趨炎附勢之徒，但這時正是用人之際，自己當總統也少不了要有幫自己吹捧的人，便不計前嫌重新啟用了江朝宗。江朝宗心裡清楚，自己過去有背叛袁世凱的劣跡，這時只有在袁世凱面前加倍賣力的表現自己的才能取得袁世凱的信任。於是，便不擇手段的為袁世凱蒐集情報、剷除政敵。袁世凱恢復帝制後，江朝宗馬不停蹄的前後奔走，組織請願團向袁氏「勸進」。袁世凱由於江朝宗的出色表演終於盡釋前嫌，對他委以重任了。

　　江朝宗吃「回頭草」，事業有了起色，也得到袁世凱的器重。所以，你要明白，「回頭草」吃還是不吃，如果草不好，不吃也就罷了，可是如果是棵好草，就應該回頭吃了。劉備是匹「好馬」嗎？是的，可是他仍然會三顧茅廬，成為千古佳話。

不在錯誤的地方尋找正確的答案

現實中，你之所以痛苦，很多時候不是你真正身體上的痛苦，而是因為你在追求錯誤的東西。你之所以還沒有成功，是因為你總是在錯誤的地方尋找正確的答案。

網上流傳著一個笑話：

有一隻兔子噔噔的跳到一個藥店門口大喊：「老闆，請問有沒有胡蘿蔔？」老闆跟兔子說：「我這裡是藥店，沒有胡蘿蔔。」「哦！」兔子噔噔的跳走了。第二天，兔子又跳到藥店門口大喊：「老闆，請問有沒有胡蘿蔔啊？」老闆跑出來說：「早就跟你說我這裡沒有胡蘿蔔，你怎麼還來？走開！走開！」兔子又「哦」了一聲，噔噔跳走了。第三天，兔子又跑到藥店門口大喊：「老闆，請問有沒有胡蘿蔔啊？」老闆生氣的沖出來說：「已經告訴你這裡不賣胡蘿蔔，你還敢來？你再來的話，我就把你的耳朵剪掉！」兔子嚇了一跳，就逃走了。第四天，兔子又跳到藥店門口大喊：「老闆，請問有沒有賣剪刀？」老闆納悶的走出來說：「我這裡怎麼會賣剪刀？」「哦！」兔子說，「那你有沒有賣胡蘿蔔？」老闆無言以對。

這個笑話在網上引起熱烈討論，有人問：「這個故事給你什麼樣的啟示？」最大的笑話竟然是有 76% 的人回答：「這個故事告訴我們，做任何事情都要堅持到底！」

試想兔子耳朵被剪掉的話，能不能吃到胡蘿蔔？不能！

尾巴被剪掉了，能不能吃到胡蘿蔔？不能！

堅持到底的結果，吃得到胡蘿蔔嗎？不能！

那這個故事的啟示是什麼？這個故事告訴我們：「不要在錯誤的地方尋找正確的答案。」

還有一則故事：

有一個便利商店的店員打電話到警察局：「警察先生，請派人來，現在是半夜兩點，有一個男人在商店門外走來走去，鬼鬼祟祟非常可疑！」警察趕來後就問那位先生：「先生，你在幹什麼？」男子說：「我的鑰匙掉了，在這裡找呢！」警察問：「鑰匙是在哪裡掉的？」男子回答：「在我家門口！」
「你家在哪裡？」
「在前面巷子裡！」
「那你為什麼跑到這裡來找？你怎麼那麼笨？」
「巷子裡那麼暗怎麼找？這裡比較亮當然是要來這裡找啊！」
又是一個「在錯誤的地方尋找正確的答案」的例子。

看了這個故事，你是否會想到我們非常熟悉的故事〈刻舟求劍〉，講的是楚國有個渡江的人，他的劍從船上掉進了水裡。他急忙在船沿上刻上一個記號，說：「這裡是我的劍掉下去的地方。」船靠岸後，這個人順著船沿上刻的記號下水去找劍。其實船已經走（行駛）了很遠，而劍還在原來的地方，並不會隨船而前進。用這樣的辦法來找劍，不是很糊塗嗎？

可見，做正確的事必須著眼於戰略，正確的做事，這就是屬於用什麼方法和戰術的問題。戰術就是針對具體問題制定的一種對策方法，一種解決方案。做事努力是正確的，但要先選對目標。選對目標再做，要不就會越使勁卻離目標越遠。例如〈南轅北轍〉的故事，目標沒選對，就算馬越好，跑得越快，但卻離目的地越遠。所以，先要做正確的事，然後才能正確的做事。永遠不要在錯誤的地方尋找正確的答案。

自律的幾條基本原則

真正的自律也就是具有良好的自我約束能力，自然就能將潛意識的精神力量集中，它就會有如太陽光通過放大鏡然後集中於一點而產生神奇的力量，將封凍寶庫的門打開。而良好的自我約束力又需要強大的自信心和決心來推動。拿破崙·希爾博士 (Napoleon Hill) 通過採訪許多成功人士之後，總結了信心和精神上的自律在自我成功時起著決定性的作用。因此，要想具有良好的自律性，必須遵循幾條基本原則：

第一，堅持原則

善為人者能自為，善治人者能自治。自古及今，為捍衛真理不惜犧牲生命的人可謂不計其數。我們應當堅持自身的原則，是事業能否在競爭中獲得成功的關鍵。我們只有身體力行，以身作則，才能建立起人人遵守的規章制度。

第二，接受監督

在做到自我約束的同時，也接受別人的監督。要想成為一個成功者，應該做到增加自身的透明度，自覺的將自己的行為置於社會的監督之下，就會有效的防止獨裁的產生，從而增強自我約束機制。

第三，去除不良嗜好

我們個人的素質 (如去除任何不良嗜好)，對他人產生的心理和行為影響，將是心悅誠服的，並自覺自願的效法我們的自律行為。也就是說，只有做到寬以待人、嚴於律己的人，才會使他人產生敬愛、欽佩的心理效應，才會對他傾心擁戴，並與之共謀大業。

第四，保持勤儉節約

我們一定要做到開源節流，節儉不僅僅是美德，而且是積蓄事業成功實力的一個途徑。凡是白手起家、創業成功的富豪都有此共同點，洛克斐勒是如此，福特也是如此，摩根更是如此。洛克斐勒有一次打公用電話時忘了帶零錢，就向一位下屬借了 5 分錢，不久歸還時，下屬不以為然地說：「不必還了，不就 5 分錢嗎？」洛克斐勒聽後很生氣，就說：「你知道 5 分是多少錢的年利息嗎？是 1 塊的年利息呢！」此外，洛克斐勒對自己的子女同樣嚴格要求，對金錢的處置十分嚴謹。小洛克斐勒為了繳納學提琴的學費，也和他的姐姐們一樣，必須打工。

第五，按照生活規律去生活

這並非忠告，而是一個原則。生活有規律是對自己的尊重、是對自己能力的器重。個性必須均衡的分配於每個時段。每天、每時、每刻，積極的心態都可以找準生活的規律，你可以按照它掌握生活的節奏，握住自己的脈搏。每一次心跳都是個性的律動。

每一天的生活都可以分為工作時間、學習時間、娛樂時間、體能活動時間。工作時間是個性發揮能力的表現場，飽含著進取的喜悅和成功的驕傲；學習時間用來補充能量，你應該抽出時間來讀書，世上很少有不讀書的成功者，往昔歲月裡有少數這種人，往後的歲月卻永遠不可能有，資訊社會更需要會閱讀的人。關於讀書，拿破崙·希爾 (Napoleon Hill) 提倡讀經典勵志書。學習古典的東西，目的並不在於取得關於古典學的知識，而是在於獲得一種解決問題的方法，培養紀律性和集中注意力的本領。學到了方法、紀律和注意力，就能一通百通，轉而征服其他難題，讀勵志書是絕對必要的；娛樂時間用來放鬆自己，並不是說去隨波逐流，而是要在放鬆過程中保持理解事物真相，讓個性富有勇氣；體能活動時間包括運動時間和睡眠時間，只要

條件許可，就不放棄可以運動鍛煉的機會，身體是個性唯一的載體，它應該永不沉沒，而睡眠應該是一種幸福，充足的睡眠是個性完善的基本條件。總之，遵循生活規律，合理的分配屬於自己的時間，成功就會變得輕而易舉。

從范蠡郭子儀悟出道理

在西元前 5 世紀，有吳、越兩國。兩國儘管相鄰，但為了爭奪霸業，互不相讓。後來，越王勾踐敗於吳王夫差之手，只有逃亡會稽山，忍辱負重與吳國談和，在經過交涉後，吳國才同意讓勾踐回國。勾踐回國後一直沒有忘記自己所受的恥辱，臥薪嚐膽，立誓雪恥。二十年後，滅掉吳國。幫助越王成功的卻是範蠡。範蠡不僅是一個忠心耿耿的臣子，而且是一個智者。范蠡做了大將軍後，自忖：「長久在得意之至的君主手下工作是危機的根源。勾踐這個人雖然臣下可以與他分擔勞苦，但不能同他共用成果。」因此他便向勾踐表明自己的辭意。但是勾踐並不知道範蠡的真實意圖，因此拼命挽留他。但範蠡去意已定，搬到齊國居住，從此與勾踐一刀兩斷，不再往來。移居齊國後，範蠡政事不問，與兒子共同經商，很快成為富甲一方的大富翁。齊王看中他的能力，想請他當宰相。但遭到他的婉言謝絕。他知道「在野擁有千萬財富，在朝榮任一國宰相，這確實是莫大的榮耀。可是，長久榮耀反而會成為禍害的根源」。因此，他將財產分給眾人，又悄悄離開了齊國到了陶地。沒過多久他又在陶地經營商業成功，積存了百萬財富。

範蠡的案例說明他有著超乎常人的才智和卓越的洞察力。他離開越國，拒絕齊王的招攬，以及成功的經營事業，這些都源於他的睿智。成語明哲保身，「明哲」就是指深刻的洞察力，也就是發揮深刻的洞察力保全自己。而範蠡正是能夠明哲保身的人。所以，平時我們雖不能達到明察秋毫，也要學會增加自己的智慧來保全自己。

　　唐朝郭子儀平定安史之亂的事蹟眾人皆知，但幾乎沒人知道，這位名極一時的大將為人處世卻很小心謹慎，與他在千軍萬馬中叱吒風雲、指揮若定的風格不同。

　　唐肅宗上元二年（761），郭子儀晉封汾陽郡王，遷進了位於長安親仁里金碧輝煌的王府。讓人費解的是，堂堂汾陽王府天天總是門戶大開，隨便出入，不聞不問，與別處官宅門禁森嚴的情況恰恰相反。客人來訪，郭子儀就請他們進入內室，並且命姬妾侍候。有一次，某將軍離京赴職，前來王府辭行，看見他的夫人和愛女正在梳妝，卻指使郭子儀拿那拿這的，就像與僕人沒有兩樣。兒子們認為他身為王爺，這樣總是不太好，一起來勸諫父親以後不要這樣，以免讓人恥笑。

　　郭子儀笑著說：「你們不知道我的用意，我有 500 匹吃公家草料的馬，我的部屬、僕人吃公家的糧食共有 1,000 人。現在我可以說是位極人臣，受盡恩寵了。可是，誰能保證沒人正在暗中算計我們呢？假如我一向修築高牆，關閉門戶，和朝廷內外不往來，如果有人同我結下怨仇，誣陷我懷有二心，皇上就會懷疑我了，而無所隱私，流言蜚語就沒有滋生的餘地，就是有人想用讒言詆毀我，也找不到什麼藉口了。」兒子們聽了這一席話，都拜倒在地，對父親的深謀遠慮深感佩服。

　　歷史上有功於朝廷的文臣武將有很多，但是他們大多數除了留給後人一個好名聲之外，幾乎沒什麼好下場。郭子儀歷經玄宗、肅宗、代宗、德宗數朝，身居要職 60 年，也經宦海沉浮，但是總算保全了自己和子孫，以 80 多歲的高齡壽終正寢，為幾十年戎馬生涯劃上了一個完美句號，這全歸於他的這份謹慎。顯然范蠡和郭子儀都是才智超群的人。但是如果依某種世俗的眼光看，他們的一些行為又「蠢」得不可理解。然而，這才是真正的「若愚的大智」，他們超出常人的聰明之處，可能也是源於此吧。

「聰明難，糊塗更難，由聰明而轉入糊塗特別難。」這是鄭板橋說的一句極富哲理的話。這裡面不僅僅包含了對人生把握之難的感慨，還包含了怎麼做人的準則。實際上，不管自身的素質如何，相對於強大的外部環境來說，都算是很弱小的，特別是當局勢動盪變化，我們也只不過是其中的一顆小小的棋子而已。因此，我們一定要採取適當的態度和手段，「是非入耳君須忍，半作癡呆半作聾」也許是一種方式。只有這樣才能保住身家平安，在此基礎上大展宏圖。

經歷痛苦笑容才會更美

物欲橫流、經濟緊張的今天，我們常常羨慕那些含著金湯匙、手握金元寶出生的幸運兒，他們的父親不是某某大人物，就是認識某某大人物。作為幸運兒的這些孩子，從小就有錢有勢，穿名牌，坐 BNW，威風至極。

平凡的小螞蚱們，你們真的就只有豔羨他人的份，而永遠貶損自己如縮頭蝸牛嗎？其實，仔細尋來，不難發現，如果你能發掘出屬於自己的幸福，你便有令人羨慕的地方。

從前，不知是哪朝哪代，有一對夫妻，結婚多年一直沒有孩子。婚後的第十年，或許是他們的誠心感動老天，女人竟然意外懷孕，生了個兒子。

夫妻倆整日樂得合不攏嘴，給孩子取名阿龍，希望他將來功成名就，成為人中之龍。

幼時的小阿龍很是可愛，長得白白胖胖，一副討人喜歡的模樣，父母視為眼中寶，心頭肉，捧在手心裡怕摔了，含在嘴裡怕化了，捨不得讓他遭受到任何一點碰撞。

「寶貝，走路時記得要看著腳下，當心別跌倒了。」

「孩子，走山路時也要看腳下，一不小心，或是踩滑了，說不定你會從

山頂上摔下去的。」

父母預想了各種狀況，不厭其煩的對小阿龍細心叮嚀，不希望孩子發生意外。然而，父母終歸會老、會死的。就在阿龍 25 歲那年，這對慈祥的老夫妻先後辭世了。

阿龍不敢忘記父母這麼多年的千交代、萬囑咐，時時刻刻遵循著父母的指示，無論是在街上走路，還是在山上踏青，或是在春天的草原裡漫步，抑或在神祕的森林裡躊躇，他都小心翼翼的不讓自己被任何東西絆倒。

難以想像的是，阿龍真的做到了。從小到大，從大到老，他幾乎沒有跌倒過，也從來沒有扭傷過，更沒有撞傷過頭，就連踏進水坑的機會也沒有。

然而，這樣的步步小心並沒有使他步步高升，他一直專注於自己的腳下，卻忽略了更精彩、更重要的東西，無論是藍色的天空，還是明亮的彩霞，或是閃爍的星星，城市的燈火，人們的歡笑，對他而言都只是驚鴻一瞥的影像，他從來不曾凝神留心的細看過，欣賞過。

終其一生，阿龍並沒有功成名就，當然也就沒有成為父母期望的人中之龍。他最大的成就，充其量也只是從未摔倒而已。

所以，我們常聽有人說：「沒有經歷風雨，怎麼能見彩虹？」

但是這句話並不準確，應該改成：「沒有經歷過風雨，哪裡知道什麼叫做風雨？」

痛苦本來就是人生的一部分，它並不因快樂而存在。如同玫瑰身上的刺，它們並不會使玫瑰變得更美麗或更醜陋，但是如果玫瑰沒有了刺，還算得上是一朵完整誘人的玫瑰嗎？

那麼，怎樣才算的上體驗完整的人生？那就是，我們受過傷、流過淚、經歷過痛苦。知道什麼叫做痛苦？就是能夠證明你真真實實的活過，真正讓你流下眼淚的那些東西。也只有在這之後，你的笑容才會更加甜美。

不美的女人可以創造內心永恆的美

如果有人問你，女人生來就是被人愛慕的嗎？你的回答很可能是肯定。但是，現實生活中，許多女性並非紅顏，沒有生來被愛慕的資本，特別是被出類拔萃的男孩愛慕的資本。

一位叫齊飛飛的女孩說：「我是個不漂亮的女孩，以前因為有老師的寵愛並不覺得自己特別醜，也不曾為此傷心，但自從進入高中後，我才發現一個不漂亮女孩的悲哀：男同學都不願意理我，甚至嘲笑我。為此，我的心情很糟，學習成績直線下降。以前，我曾經幻想過上大學、當博士、出國留學，但現在卻常常想到自己有朝一日由醜小鴨變成白天鵝，但這只是夢想。現在，我幾乎整天都在迷惘中度過，怎麼辦？」

還有一位女大學生也有這種虛榮心理，這位同學伶牙俐齒，反應迅速，智商很高。按理說有了一定的知識後，對美的理解層次應更高一些，可她不然，每逢爬山、遊園，她就一個人提著包，孤零零的注視著男同學爭先恐後的為那些漂亮女孩提東西。沒人理解她此時內心的酸楚。她也有異性朋友，與他們的友誼長久而穩固，可惜他們只與她一起談古論今開懷大笑。她的感情世界是空白的，她盼望有個英俊有為的男朋友，為此常淚流枕邊，顧影自憐。

我們應該看到，這個世界從某種角度上講是屬於英雄美人們的。自古以來，名利江山都屬於各式各樣的英雄，圓滿或淒慘的愛情故事也都是由英雄和美人來演繹的，即使男主角不是所謂的英雄，女主角也必定非常美麗。

特洛伊戰爭的宏大、美人海倫的驚世絕俗，都讓我們想入非非，難以自已。

美麗對於贏得愛情來說是最便捷的途徑！但反過來一想，幾千年來，美人雖然無數，但人過留名，雁過留聲的也沒有幾個，倒是一些並非紅顏的才女垂名青史。外貌的平凡或許正是促使她們成為才女的催化劑。憑藉出眾的

不美的女人可以創造內心永恆的美

才華博得欣賞，從而贏得愛慕，是那些天資聰慧並非紅顏女兒的好辦法。

如果你偏把自己不美的外表看成是不能取得成功的原因，一味消極沉淪，天天看著星星落淚，那你就會變得漂亮，或是改變命運嗎？顯然是不可能。悲傷使你可能忽略了自己的優勢，沒有外在美，但健康的心態更能使你奮發圖強，別人能夠做到，你也能做到，要相信自己！

「美」有兩種形式，即外在美與內在美。

對於人生來說，如能集兩種美於一身，當然是再好不過的了。但對絕大多數人來說，是不可能的。因為外在美是由遺傳決定的，自己無法選擇。唯有內在美，才是任何人都可通過努力而獲取的。

有的人雖然外表很美，但她們在別人的讚揚與欣賞中，過早的利用了這一優勢，甚至輕輕鬆鬆的吃上了「青春飯」，結果青春不再時，只剩一副「空心皮囊」而已。時間一長，她們必然被社會所遺忘。

生活中這樣的例子比比皆是。

關亞楠不美，但她有美麗的人生。因為她從小就知道自己不美，所以她沒有分心與男孩來往，毫無干擾的進入了大學，又考上研究生。畢業後，與男友合開了一個工廠，兩人艱難的做了半年。春節前夕，男友因腎臟病突然去世。關亞楠慨嘆自己命苦如黃連，但她沒有沉淪，而是決心將這個寄託男友和自己希望的小工廠辦下去。不久，關亞楠接待了她的第一個大客戶。那是一個大富豪。一見關亞楠，他就露出一副大失所望的神情。那時關亞楠還沉浸在失去男友的悲痛之中，然而為了生意，她還是親自請這個人吃了飯。這人喝了點酒，話明顯多起來，他拿著酒杯，半醉半醒的說：「其實你的身材很好，也年輕……」，說著，便把臉湊了過去。關亞楠輕輕的推開他，然後為自己倒了滿滿一杯白酒，說：「這裡到處都是美女，但我不是，可我有最出色的產品。如果你有誠意，真正是沖著我的產品來的，那我就先乾為

敬！」說完，她一仰頭，把滿滿的一杯酒喝了下去。那晚，不知是因為酒意發作還是內心悲傷，關亞楠在房裡哭了很久。她想這筆生意肯定沒了。然而，客戶卻從心底開始敬重她，成了她的重要客戶，後來還給她介紹了幾個朋友，使她終於有了一定的經營基礎。

　　關亞楠是一個極具男性特徵的女孩，她說話大嗓門，很少有顧忌，心裡想什麼就說什麼。客戶認為她很坦誠，很少有生意人的城府，加上她能按客戶的要求及時交貨，信用度很高，所以雙方相處就很融洽。在廠裡關亞楠也是這樣，她和工人們一起幹活、一起吃飯，形同姐妹。關亞楠的坦誠，使人很容易就忘了她是個不美的女孩，在心裡和她拉近距離。她不靠美貌，而是靠自己的能力取得了成功。

　　在此，我們奉勸那些「醜女」們不應該自卑和自棄，而應振作精神，發奮學習。到時候你的成績，將不會遜色於任何一位漂亮女人。何況流年似水，青春的花季不會很長，歲月會無情地剝去青春的紅顏，唯有道德、修養、知識、事業、理想等內在的美才是永恆的。所以，年輕的你應該緊緊抓住每一秒時光，去追求渴望的事業與理想，去創造永恆的美，你的未來就一定不是夢，而是等著你去實現的現實。

氛圍能影響孩子

相信很多人都知道「孟母三遷」的故事：

孟子小時候，父親早早的去死了，母親守節沒有改嫁。起初，他們住在墓地旁邊。孟子看到有人辦理喪事，就和鄰居的小孩一起學著大人們跪拜、哭泣的樣子，玩起辦喪事的遊戲。孟子的媽媽看到了，眉頭緊蹙，說：「不行！我不能讓我的孩子住在這裡了！」孟子的媽媽就帶著孟子搬到市集旁邊去住。搬到市集以後，孟子又和鄰居的小孩一起，一會兒鞠躬歡迎客人，一會他就去招待客人，一會孟子和客人討價還價，學起了商人做生意的樣子。孟子的媽媽知道後，又緊皺眉頭，說：「看來這個地方也不適合我的孩子居住！」於是，他們又搬了家。這次，他們搬到了學校附近。正是「近朱者赤，近墨者黑」。住到學校旁邊的孟子看到了老師和學生上課的情景，開始變得懂禮貌、守規矩、愛讀書。看到這種情況，孟子的媽媽很高興的頻頻點頭，說：「這才是我兒子應該住的地方呀！」後來，大家就用「孟母三遷」這個成語，來比喻人應該接近好的人、事、物，才能學到好的習慣！

由此可見，對成長期的孩子來說，氛圍有多麼的重要。

有一位老師，一次，他給一個學生家裡打電話，因為這個學生在這一階段學習很不專注，成績每況愈下。他想向學生的家長了解情況，以便因人施教。平常他很少主動跟家長聯繫，因為他知道學生只要到了學校，他就應該負擔起這份責任，所以他不會輕易的麻煩家長，或動不動把家長請來。電話打通後，是那個學生接的。老師說，你叫你爸爸接電話。學生就把電話轉到了一個分機上，這個小小的舉動引起了老師的注意。家長接起電話之後，老師先問了問孩子最近的狀況，然後問：「在你家裡，是不是孩子房間裡也有電話？」家長不以為然的說：「是有一個分機。」老師再問：「孩子房間裡有電腦嗎？」

「有。」

「他房間裡還有哪些東西？」

「有電視，有電腦、電話、手機……」

老師不客氣的說：「你現在不是在培養學生，而是培養業務員、娛樂家！這還讓孩子怎麼學習？」

父親不得不承認：「平時我只要知道孩子在屋裡就行了，至於他是在學習還是在幹別的，我們也控制不了。」

老師誠懇地說：「我們都是同齡人，你想想，我們那個時候，別說電腦、手機了，家裡連報紙都沒有。想考大學，有一本書就足夠了，做什麼都能做下去。現在，外面的世界太精彩，你把這麼精彩的世界，全搬到你孩子房間去了，你孩子學習好，是不可能的！古時的李白要是天天這麼看電視、打電話，能寫出那麼好的詩嗎？」

經過老師一番「狂轟濫炸」，家長幡然悔悟，急切的說：「那我把電話、電視、電腦什麼的都搬出來！」

老師說：「你也不能來硬的，我們得讓孩子認識到這個問題的嚴重性，等他自己想搬出來了，你才能搬。如果他自己不想搬，你硬是要搬，會造成家長與孩子的對立，這也不利於對孩子的教育。」

後來，在家長適當的引導下，孩子同意把電話、電腦、電視都搬了出來。這樣一來，孩子能夠安心學習了，也就漸漸進入狀態了，成績也很快提高了。

當然，玩是孩子的天性，孩子玩也無可厚非。但是，現在網路這麼發達，誘惑這麼大，遊戲這麼多，孩子要想不玩真的很不容易。任何事都要講個限度，適當的放鬆是可以的，但若玩到失控的程度，就是大問題了。

電視上對孩子沉迷網路的報導屢見不鮮。

　　有一個真實事件：有一個男孩子，因為迷上網路線上遊戲，回家要錢時遭到父母拒絕，兒子一氣之下，竟然動手打了父親，推倒母親，氣狠狠的從母親錢包裡掏出 500 元以後，揚長而去。

　　事後，孩子懊悔的說：「當時我已經玩了 4 個小時格鬥遊戲，很興奮，腦子裡都是打啊、殺啊，我已經分不清遊戲和現實了，動手的時候什麼也沒想。真的很對不起爸爸媽媽！」

　　對於，如此眾多的孩子沉溺於網游，除去網路的魅力難以抵擋外，我們是不是還要找些更深層的原因，比如現在的學生要面對大量的壓力，包括家長的、同學的、老師的壓力，如果他們有了這些不能承受之重，而又無處化解，他們就迫切需要找到一個能釋放壓力的方式和空間，而電腦遊戲就是他們可以忘掉煩惱，遠離塵世的最好方式。他們在網路遊戲裡面殺伐打鬥，得到的是一種宣洩、一種快樂、一種虛幻的成就感，而他又不必負任何責任。

　　作為家長和老師，有責任也有義務為孩子們營造有助於學習的氛圍，使他們能夠找到樂趣，找到平靜，找到成就感。最重要的是，應該使孩子真正懂得學業的重要性，它比享受那些現代電子產品更重要，更實際。生活中有更多的事需要他們去做，他們沒有理由浪費時光，荒廢青春。

「你就是那人」的闡釋

據記載：大衛王是一位英勇、富有智慧的君王，〈詩篇〉是大衛王歌詠上帝的曠世傑作。然而，聖經中也記載大衛王「生命中跌倒」的故事：

有一次，大衛王無意中窺視到一位美貌的女子正在洗澡，他覺得這女子真是漂亮極了，簡直是美若天仙。自此，他茶飯不思，終日想念著那位美麗女子。後來派人查詢，結果發現那女子名叫拔示巴，是手下大將烏利亞的妻子。

後來，大衛王就想出一個計策：派烏利亞到最危險的前線去打仗。果然，烏利亞英勇無比，率軍奮勇殺敵，但最後卻戰死沙場。而大衛王就名正言順的將美女拔示巴娶回王宮，作為妃子，後來並生了一子。

先知拿單知道此事後，就主動求見大衛王，並對他說：「在一座城裡，有兩個人，一個是很有錢的富人，一個卻是一貧如洗的窮人。這富人有許多牛群、羊群、傭人，而窮人只有一隻小母羊羔，對他來說，就像女兒一樣，相依為命。一天，這富人家中來了一位客人，那富人捨不得殺自己的牛羊來請客，卻抓了那窮人的小母羊羔，並把牠殺了請客人吃……」

大衛王一聽，勃然大怒的說：「我指著上帝起誓，行這事的人該死！」此時，先知拿單率直的對大衛王說：「你，就是那人！」

「你，就是那人！」這句話，沒多少字，卻是多麼的鏗鏘有力、擲地有聲。

曾子曰：「吾日三省吾身。」我們是否會常常想想自己，我們每天是否在努力，我們每週、每月、每年又進步了多少。當有人形容別人平庸、懶散、不積極、沒恆心、原地踏步時，會不會轉過頭來，嚴厲的對你說：「你，就是那種人！」如果我們真就是那種人，是多麼可悲啊！

當我們的生命被貼上沒毅力、不努力、好高騖遠、好吃懶做、沒有成就……的標籤時，我們的心中會感到多麼的慚愧啊！

　　有一次，王風洋到一個森林遊樂區旅遊。這個遊樂區曾繁華風光一時，但後來隨著伐木業走入歷史而逐漸衰落，不過，其山林景色與許多日式建築，古色古香，很受遊客歡迎。在這個地方的文史工作室中，掛著一幅「劣等獎」的黑旗，讓人看了有些納悶。據當地居民說，這個地方過去經常舉辦「衛生整潔比賽」，家家戶戶都把自己的家打掃得乾乾淨淨，因為如果被評為劣等，住戶就必須將此劣等獎的黑旗懸掛於屋前，不能藏在家中，所以人人都對此黑旗避之唯恐不及。每個人都怕別人說：「你就是那家的人嗎？又髒又亂，不知打掃的那家人嗎？」因此，我們絕不能被指認為：「你就是得「劣等獎」的那家的人！」

　　曾經有一位母親，翻看小學二年級的女兒暑假作業進度時發現，女兒在評量表上寫著：「起床晚了，沒有完成。」

　　其實，偶爾賴床，沒有關係，但如果時常習慣賴床、晚起，就有些麻煩。我們常在電視上聽到這樣的話：「我們要向毒品說「不」！」，同樣，我們也要向壞習慣說「不」，向馬虎度日說「不」，向虛榮貪婪說「不」，以免自己得過且過，馬馬虎虎。只有每天給自己一個希望，努力勤奮的工作，花點時間看看書的人，才會不斷進步。有人戲說：「三天不讀書，就像一隻豬！」這雖然是玩笑話，但也同樣說明了讀書的重要。

　　在一個電視求職者選拔的節目中，許多應徵者戰戰兢兢的坐在公司主管面前，都想脫穎而出，謀取一份工作！經過重重的考驗之後，時間也差不多了，此時，高階主管決定給應徵者出最後一道問題：「現在，請你問你的競爭者一個問題，什麼問題都可以，時間十秒鐘！」

　　突然要問競爭者一個問題，要問什麼問題？一般人面對這個場景，恐怕會當場傻眼！可是，一位女碩士，從容不迫的說道：「我想請問我的競爭者，如果在場的上司和觀眾都認同我，而我也如願成為這個公司的業務經理，那

麼你認為，我擁有哪些你沒有的優勢呢？」，此話一出，幾乎看電視的人都驚訝不已！天哪，這是多麼屬害的問題啊！這問題，表面上沒有攻擊性，卻讓對手難以招架、很難回答。因為，只要一回答，就是抬對手身價而貶低自己啊！

當競爭對手都不停的在進步時，如果我們還陶醉在「我是碩士我怕誰」、「我已經升做了主管，誰能把我怎麼樣」等虛假表相裡，而不考慮如何積極進取或是努力追趕，那麼，不久之後，我們就會遠遠落後於別人了，我們那所謂受過高等教育或是已然成為白領精英的優勢也將蕩然無存了。

猶太人做生意隨機應變

現在市場競爭激烈，變化莫測，很多人感覺到生意不好做，錢不是很好賺。其實，賺錢的機會總是有的，就是看你能否隨機應變並且主動適應市場的變化，去尋找機會。猶太人在做生意的過程中，有這樣一個特點，就是能根據各種條件的不斷變化，調整自己的戰略方向和經營方法，始終跟著市場走，而不是跟著自己的感覺走。這樣就能確保他們隨時都有錢賺。米姆爾問他的朋友史耐依，猶太法典是什麼。史耐依就問他：「若有兩個猶太人掉進了煙囪，爬出來以後，甲身上到處是煙灰，而乙身上卻很乾淨，那麼你說，他們誰會去洗澡？」

米姆爾毫無疑義的說：「當然是甲啊！」。

「不是的，你錯了，甲看到乙很乾淨，以為自己也很乾淨，他就不會去洗了；反之，乙看到甲身上很髒，也以為自己很髒，那麼乙就會去洗澡了。」

米姆爾有點不服氣的說「不會吧？」。

史耐依又接著問：「第二天，他倆又掉進去了，還是甲骯髒，而乙乾淨，這次誰會先去洗澡？」

「應該是乙，你剛才不說了嗎？」

「不對！你又錯了，乙在洗澡時發現自己不是很髒，而甲也一樣。他明白了乙為何要去洗澡。所以，這次應該是甲去洗澡了。」

史耐依不依不饒的問：「第三天，兩個倒楣蛋再次掉進煙囪裡，結果還是甲骯髒，而乙乾淨，這次誰會去洗澡呢？」

米姆爾沒自信的回答：「應該是乙吧？」

「掉進煙囪裡的人有誰能乾乾淨淨的爬出來呢？應該是兩個都要去洗澡。」

怎麼做總是有自己的理由，這就是猶太人隨機應變的一大特點。

孫子其實也論述過靈活應變的戰術，即是「兵無常勢，水無常形，能因敵變化而取勝者，謂之神」。這就是說，用兵要依據敵情而決定他的作戰方法。做生意何嘗又不是這樣呢？商場如戰場啊。

有個到澳洲經商的猶太商人叫沙米爾。一到墨爾本，他就駕輕就熟的做起了老本行，開了一家食品店。而在他店的對面，恰好已有一家義大利人安東尼開的食品店。理所當然的，兩家食品店之間不可避免的成了激烈的競爭對手。

眼看新的競爭對手出現，安東尼惶惶不可終日，苦思冥想了很久，只想出削價競爭這樣一個對策，於是在自家門前立了一塊木板，上面寫著：「火腿，1磅只賣5毛錢。」不想沙米爾也馬上在自家門前立起木板，上面寫著：「火腿，1磅4毛錢。」安東尼見沙米爾如此，一賭氣，立即把價錢改寫為：「火腿，1磅只賣3毛5分錢。」這樣一來，價格已降到了成本以下。可沒想到的是，沙米爾將價錢改寫成：「1磅只賣3毛錢。」，這太出乎安東尼的意料了。這樣一來，安東尼就有點撐不住了。於是，他氣沖沖的跑到沙米爾的店裡，以經商老手的口氣大吼道：「小子，有你這樣賣火腿的嗎？這樣瘋狂降價，知道會是什麼結果嗎？這樣下去我們都會破產！」沙米爾笑說：「什麼我們！我看只有你會破產。我的食品店壓根就沒有什麼火腿呀。板子上寫的3毛錢一磅，連我都不知道指的什麼東西！」安東尼這才發現自己上當

了，他不禁叫苦連天，知道遇到真正的競爭對手了。

這就是猶太人的厲害之處，可以隨機應變無中生有。

猶太人在經營生意中拿得起放得下，這點最能體現猶太人的隨機應變，只要不賺錢了，就立即放棄，去做賺錢的生意。猶太人做任何投資和買賣，事先必定做周密的可行性研究，而且制定短期、中期和長期的計畫，以及應變方案。這樣就能隨時改變經營的項目以及經營的方法，就有備無患。猶太人是非常能夠忍耐的，但他們的忍耐是有前提的，那是為了等待賺錢才忍耐。如果賺不到錢，還一味的忍耐，那就是大傻瓜了。

17歲的猶太人史特勞斯在1847年來到美國，沒過多久，西部就出現了淘金熱，斯特勞斯也在淘金大軍之中。當他來到舊金山，卻馬上改變了主意。不去淘金，而是開設了一家商店，銷售日用商品和製作野營帳篷、馬車篷用的帆布。因為他看到那些熙熙攘攘的淘金人流之後，馬上意識到這麼多人，銷售生活用品肯定是一樁很好的買賣。

從此，一個淘金工人主動要求史特勞斯把用帆布製成的褲子賣給他們。因為淘金工人整天與泥水打交道，需要結實耐磨的褲子。他立即按照那位淘金工人的要求，做了兩條褲子，這就是世界上最早的牛仔褲了。因為它結實、耐用以及耐磨，成了深受淘金工人喜歡的熱賣商品。

從此以後，史特勞斯不斷改進褲子的樣式，像是用金屬釘釘牢的臀部的褲袋，用銅和鋅的合金釘牢扣子，重要的部位則用皮革鑲邊等釘牢。結果，這種樣式的褲子立刻受到了廣大年輕人的喜愛，繼而很快風靡到全美國，並且很快就流傳到世界各地。

史特勞斯去淘金，誰知結果卻淘出了牛仔褲，淘出了美國500強之一的企業。這貌似無心插柳柳成蔭，實際上是猶太人那種隨機應變的商業性格成就了史特勞斯的輝煌。否則，為什麼發財的不是建議史特勞斯製作牛仔褲的那位工人呢？這就是猶太人隨機應變的生意經。

從迷路人學會從自己身上尋找希望

在森林裡有一個人迷了路。天色漸漸地暗了，眼看夜幕即將降臨，黑暗的恐懼和危險，一步步移近。這個人心裡明白：只要有一步走錯，就有掉入深坑或陷入泥沼的可能。就會有潛伏在樹叢後面饑餓的野獸，正在虎視眈眈注視著他的動靜，一場狂風暴雨式的恐怖正在威脅著他。對他來說是死前的寂靜和孤單，萬籟無聲。

就在這時給人留下迷茫的是，淒黯的夜空中，微弱的星光，一閃一閃，好像帶來了一線光明，卻又消失在黑暗裡。然而對於汪洋中的溺水者來說，一根稻草是那麼的無濟於事，然而它是那麼的珍貴，也會被認為是救命的法寶。

就在這時，他歡喜若狂的向突然出現的一位流浪漢打探出去的路途。這位陌生的流浪漢很友善，答應幫助了他。但他發現，這位奇怪的陌生人竟然和自己一樣迷惘。於是他又回到自己本來的路線，失望的離開了這位迷路的陌生夥伴。

沒過多久他又碰上了一位自欺欺人宣稱擁有森林地圖的陌生人，於是他再跟隨這個新的陌生人。可想而知的，他又陷入了深深的絕望之中，他曾經竭力問他們有關走出森林的知識，但他們的眼神後面都隱藏著不安和憂慮，他心裡明白：他們和他一樣迷茫。他漫無目的的地走著，一路的驚慌失措，使他由失落、彷徨繼而感覺到恐懼，不經意間他在自己口袋找到了一張正確的地圖。

原來他一直把它放在自己的身上，於是他若有所悟的笑了。從前他忘記在自己身上尋找，總是忙著詢問別人，這是他忽略的最重要的一件事。

就像這位迷路人一樣，指引你離開沮喪和憂慮的黑森林地圖，其實就是你天生具有的。現實生活中，許多人都難以走出失敗的圓圈，其中最主要的因素就是「膽小」，它始終影響著人們的正常思考。要記住「在自己身上尋找希望」，不能放棄自我明智的追尋，而隨便聽信他人，我們要靠自己的能力去解除自己心中的恐懼，這樣才能擺脫膽小的束縛。

第六章　事事用心，積極行動

　　每件事，我們都不可敷衍了事、馬虎應對。只有我們對每件事都不粗心，積極行動，我們才會把看是簡單的事情做得不簡單，看是平凡的事情做得不平凡。

簡單的事情不易做好

生活中就是這樣，有很多事情，看起來很簡單，都是小事，但做起來卻不那麼容易。原因就在於，我們都把這些簡單的小事看得很容易，漫不經心，在生活中不當一回事，便容易出錯，或是根本就無從改變。這說明簡單不等於容易，只有嚴格要求自己，才能給自己一個滿意的答案。

給汽車加油，在我們看來是很簡單的一件事情。無非是把油箱打開，管子插進去，加滿油在拿出來就行了。然而，就是這麼看似簡單得不能再簡單的事情，國外某家加油站卻分解出了 13 個步驟。

按照統一規定，從顧客進入加油員視線，到加完油滿意離去，需要完成的 13 個標準動作：

1. 笑臉迎候
2. 標準手勢引導車輛
3. 幫助車主開啟車門
4. 微笑招呼問好
5. 禮貌詢問加油量和油號
6. 主動幫車主開啟油箱
7. 預置
8. 提槍加油
9. 擦拭
10. 收槍復位
11. 禮貌提示車主付款
12. 微笑送行
13. 清潔地面

這 13 個步驟看似簡單，但若想真正做好，做得準確到位，可不是件容易的事情，因為每個動作都有很多細節。比如，當車輛剛剛進站時，加油員要眼疾手快，迅速做出正確的判斷，將車主指引至正確的加油線路上。其中「迅速」就是細節，收銀員要找零時要雙手付給顧客，等等。

這其中到底有多少細節，誰也列不完整。如果說管理的一般法則是科學，那麼管理中細節就是藝術。企業管理最忌諱的是大而化之，小而不管。

管理者佈置了任務之後還要加強細節來管理督促執行，從管理層、決策層做起，不能以只負責宏觀決策為由甩掉細節的管理。

細節管理從一定意義上來說，就是對品質的管理，當然，這也是所有企業的一項戰略，是重中之重。

「凡事無小事。」簡單不等於容易，只有花大力氣，把小事做細，才能把事情做好。就像武術中沒有絕招一樣，生活解決問題、工作中處理事務、管理策劃市場等等，也都不會有什麼絕招。所謂的絕招，是用細節的功夫累積出來的。

西方有句名言：「羅馬不是一天建成的」我們只有用扎實代替浮躁，理智代替衝動，才能把看似簡單、實則重要的事情做好。

不要空談要實幹

魯迅先生曾經反復告誡青年：「現在青年最要緊的是行而不是言，單是說不行，要緊的是做。」說到不如做到，誇誇其談、議論滿天皆只是鏡中花、水中月、空中樓閣，沒有任何價值，人必須在不斷的行動中學習，所學到的才是實用的能力。

不要再猶豫，現在就開始行動。但現實是，在一些青年朋友中確實存在著不少的「清談雅士」。他們不是把精力用來進行刻苦的學習或者做各種細小平凡而實際的工作，而是三三兩兩陷入空談之中，成天發議論，不然就說一些不著邊際的空話、大話，要麼就是看什麼都不順眼，講一些怨天尤人、令人洩氣的牢騷話。至於具體該如何實踐，卻完全不提。比方說，有些人羨慕專家和名人的才能與成就，但自己又怕苦怕累，不肯下功夫，一到動真格的時候就後退；有的人喜歡談論理想前途，又沒有毅力從平凡的小事做起；有的青年人自認為有回天之力，但卻不願意做幾件實實在在的事，不願扎扎實實的努力學習和工作。

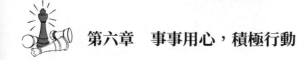

這種志大才疏的人只會在無聊和嘆息中消磨自己的大好時光，逝去青春年華，最後落得後悔莫及。

空談不單誤人誤事，而且滋生閒言碎語，憑空增添不必要的煩惱。實踐不僅充實、踏實，而且心無雜念，人生多歡樂，少煩惱。

今天的事今天完成

現代社會特別重視一個人的能力與實做精神，只有去做方能真正的顯示出一個人的本領。說的簡單就是實踐。離開實踐，一切美好的想像與言談都只能是空中樓閣。實際生活中隨便一個例子，都能說明這個問題。

例如有的人睡在床上，聽著鬧鐘滴滴答答，腦子裡反復嘀咕著，甚至不停的告訴自己，該起床了，該起床了。但是，如果只是這麼想著、說著，而不穿衣下床，起床就始終不能成為現實。因為想與說，都只是主觀的意圖，不通過行動這個環節，便只能停留在主觀的範圍內，卻不能與客觀發生必然的聯繫，也就不能有實際的結果。

古人說：「唯有埋頭，才能出頭。」那些出人頭的地人們；那些在工作中取得成績的人們，他們的成功都是在長期的埋頭努力之中，用自己的汗水、艱辛乃至生命的代價換來的。須知：「種子要是不經過在堅硬的泥土中掙扎奮鬥的過程，它將始終是一粒乾癟的種子，而永遠不能發芽滋長成一顆大樹。」

人有著良好的願望、不錯有理想、志向，更為人所敬。但光是有願望、理想、志向是沒有用的，關鍵在於行動。行動是達到目的的第一要素。只有一步一步的前進，目標才能離你越來越近。當然，行動要馬上，不能拖延，因為明天還有明天的事情，切不可把今天的事情留在明天。

小王是某所小學的四年級學生，貪玩好動，老師交待下來的作業，他總要等到第二天上課之前才能完成。媽媽發現了，責備他說：「孩子，你這樣

下去是不行的，不會有什麼進步的。」小王不以為然：「我爸爸不也是這樣嗎？在公司裡愛拖延。他的同事都說了，爸爸是個大懶蟲，懶洋洋的像樹上曬太陽的毛毛蟲。」媽媽很生氣，但沒溢於言表。良久，媽媽說：「爸爸是個大懶蟲，你也想像你爸爸一樣嗎？」小王沒有回答。

後來，媽媽經常聽到老師稱讚小王，因為，他已經能提前完成作業了，而且其他的功課不再拖延，做到了今日事今日畢。媽媽聽後很高興。

當然，這只是一個小故事，我們可以從小王那裡借鑒，雖然我們已經過了學齡，我們也可以想一想，是否曾經的我們因為今天的事沒有今天完成而誤了大事。如果誤了大事，現在你有經驗了，就不要再拖延了，把身邊的事情盡快完成吧。因為明天，明天又將是新的一天，將會有新的事情等待著我們去做。

而所謂的「登高必自卑，行遠必自邇」，就像爬山一樣，只有低著頭，彎著腰，喘著氣，淌著汗，堅韌不拔的去攀登，等到了登高遠望的時候，才會感覺到克服了困難險阻，才能「一眺千里，美境盡收」。你才能體會，做任何一件事，完成任何一項任務，獲得任何一項成績，必須從零開始，從第一步開始。正如著名作家羅蘭講的：「一次次小的成功，慢慢才會累積成大的更接近理想目標的成功。」，這並不是說，你今天完成了今天的事情就可以成功，這需要一個長期的累積過程。心急吃不了而豆腐，要想成功，必須今天的事情今天完成，而單單只完成了今天的事情，我們不一定成功，所以，要慢慢來，欲速則不達，一步一個腳印！

昨天是昨天，今天是今天，明天是明天，「一日事，一日畢」，昨天的事情千萬不要留到今天，因為今天還有今天的工作要完成，今天的事情一定不要等到明天去做，因為明天還有明天的事情。

從趙金明的故事做好自己

有句話叫「求人不如求己」

有個叫趙金明的男孩，五歲時，因為一次意外事故，失去了右手變成了殘疾。

但只剩一隻左手的趙金明小朋友並沒有被厄運之神所饒過，很快，開貨車的父親又因病去世。幾年後，日夜勞作的母親，也因癌症離世。

趙金明成了孤兒。

不久，趙金明的左手竟然也在不斷的萎縮。醫生為他做了詳細的檢查，發現是先天性病變，只是原因不明，無法對症下藥，只能靠每天的復健治療，來延緩病情的進展。但是，趙金明永遠是個開朗樂觀的男孩，笑容非常燦爛。他說：「以前媽媽沒讀過什麼書，只能在工廠當女工，薪水很少。她告訴我，我沒有手，以後不可能靠勞力工作，所以一定要好好念書，最好能靠頭腦或嘴巴來工作！」

他永遠忘不了國二那年的那一天，他在學校接到媽媽病危的通知。當他趕到醫院時，醫生正為媽媽做心臟復甦，醫生要他們兄弟大喊媽媽，盼望著能把昏迷中的媽媽叫醒。但是，趙金明沒有喊，他想看著媽媽全身放鬆、安詳的離開人世。

趙金明曾對朋友說：「我想，媽，您就安心走吧，不要再回來受苦了，我一定會帶弟弟好好活下去！」

他告訴自己：「我雖然很卑微，只像一粒小沙子，但只要我活著，我就有改變的機會。要是我死了，就什麼都沒有了！」

三年來，趙金明和弟弟相依為命，孤苦的自立自強，也牢記媽媽的囑咐，擦乾眼淚，用功讀書，他憑藉自己的實力，考上了一所重點高中。他用

僅剩的一隻正在萎縮的左手，艱難的學習、生活著。他寫字速度很慢，穿衣服時，也必須靠別人幫忙。

趙金明畢竟是個孩子，他有時也會埋怨生活的苦難，再加上無論他怎麼努力，成績卻比別人差，所以有一次，他很灰心的對同學埋怨說：「讀書真的很沒意義。」不料，那個同學回答他說：「就是我們智商不如別人，才要更努力啊！」

趙金明猛然醒悟，是啊！就是因為我們出身低微，資質不如人，才要更努力才可以啊！

所以，他用歡快的口吻對別人說起了這件事：「我同學的這句話很樂觀，對我影響很大，因為資質的高低不重要，重要的是想法和做法！」

一天，作文課時，國文老師要同學們用一句話來描述自己，趙金明寫道：「我就像一粒葡萄，只有一層薄薄的皮保護著。」

老師看到這句話，驚訝不已，誇獎他能很好的表達心中的感受。後來，老師還給他一本書當獎品，這是趙金明得到的第一本課外書，也是他最大的鼓勵和動力。

後來，一些老師知道了趙金明的情況，主動捐錢幫助他，全校學生也給了他無私的愛。趙金明很開心，沒有了絲毫的沮喪和頹廢。他說，有一次，有位老師帶他到一所大醫院檢查身體。結束後，老師要趕到師大進修。那時剛好下著雨，所以老師問他：「老師只能送你到這裡，等一下你自己要撐傘，還是穿雨衣？」

趙金明說：「老師，我可不可以都不要？」

「為什麼？」

「因為我不方便撐傘，也不好收傘；而穿雨衣，因為街上沒有一個人穿，看起來會很奇怪！」

「你何必那麼在意別人怎麼看？你要做別人，還是要做自己？」

趙金明想了一下，說：「我要做自己！」

「對啊，你要做自己！你只有一隻手，平常走在街上會不會很奇怪？」老師問。

「不會啊，我又沒妨礙到別人！」趙金明理直氣壯地說。

「所以啊，你要做你自己，何必太在乎別人的看法？」

趙金明大受鼓舞，雖然自己的生命多難，厄運也不斷捉弄自己，但他一定要做好自己。

如今，趙金明每天下課後，都要認真進行復健訓練。回家後，認真讀書。他最大的夢想就是考上師範大學，以後做老師，去幫助那些同樣失去親人或者身體殘疾的孩子。

他經常對自己說：「我知道自己的未來，掌握在自己手裡！環境不能改變，唯一能改變的，是自己付出多少努力！」

法國作家雨果說過：「人們夜裡走路，眼睛總要盯住燈光。」

臺灣著名散文作家、小說家羅蘭女士在她的成名作《羅蘭小語》中也說：「每個人心中都要有兩盞燈光：希望的燈光、勇氣的燈光。有了這兩盞燈光，我們就不怕大海的黑暗和風浪的險惡了。」

是的，只要我們有了希望的燈光，勇敢地向前邁進，成功就會近在眼前。

「知識改變命運」，我們要認真地做好自己，肯定自己，堅持理想，相信成功，就一定能給自己一個美好的未來。

從心安草的故事為目標而戰

相傳有一天，國王獨自一個人到花園裡散步，讓他萬分驚訝的是，園中荒涼一片，花園裡所有的花草樹木都枯萎了。

後來，國王得知，由於橡樹沒有松樹的高大挺拔，厭世輕生而去；松樹卻因自己不能像葡萄那樣果實累累，也抱憾仙逝；葡萄苦於自己終日匍匐於架上，不能似橡樹般傲然直立，更不能像桃樹般開出美麗無比的花朵，也死了；牽牛花也未能倖免，因為它嘆息自己沒有紫丁香的芬芳，其餘植物也都無精打采，昏昏欲睡，垂頭喪氣。只有細小的心安草在茂盛的滋長繁衍。

國王驚異的問：「小小的心安草啊，別的植物全都枯萎了，為什麼你如此樂觀勇敢，毫無沮喪呢？」

小草快樂的回答：「偉大的國王啊，我為什麼要灰心失望呢？我知道，如果國王您想要一棵橡樹，一棵松樹，一叢葡萄，一株桃樹，一朵牽牛花，一抹紫丁香等等，您就會叫園丁把它們種上，細心地呵護，而我知道您希望我就是安心做一棵小草。」

國王恍然大悟。

那麼，這個故事告訴了我們什麼呢？心安，能使我們坦然面對生活中的每一件事情；心安，能夠使我們胸懷大志忘卻浮躁；心安，能使我們心安理得的盡享大自然賦予我們的陽光、空氣、鳥語花香……，我們知道，在我們的心裡一定蘊藏著某種神奇的東西，這東西或許是親情、或許是友情、或許是愛情……，而對於這些神奇的東西，我們不知它究竟會何時發生、如何發生，但我們卻知道它總會帶給我們特殊的禮物和快樂。

面對這些特殊的禮物，我們是否在每天清晨醒來，都要反躬自問：「新的一天開始了，為了實現我的人生目標，我該做些什麼？」

是啊，只要利用好每一天，我們的人生就會有趣精彩，我們的快樂就會永無止步。在人生歷程中，我們當中有的希望自己成為國家領導人，有的想成為一流企業家，有的想當受人愛戴的藝術家，有的想做令人矚目的演說家，還有縱橫時代的經濟學家，傳統意義上的智者，倍受子女愛戴的父母，或者是只想做一個充滿著善心的普通人……

無論你想做什麼，無論你採用什麼樣的途徑，都取決於我們自己。「我的命運我作主」，我們的命運也應該由我們自己主宰。為了實現自己的人生價值，沒有人可以命令我們，可以取代我們，我們必須為目標而戰，為自己奮鬥。我們知道，在我們的內心深處，都存在著一種潛意識，這種潛意識就是——我們付出了什麼，我們會有什麼樣的收穫。所謂「種瓜得瓜，種豆得豆」，即在於此。我們選擇了怎樣的心態、怎樣的思想方法、怎樣的思維方式，就註定了我們會有怎樣的成就。

為目標而戰！相信成功有跡可循。在自己奮鬥的過程中，不管我們希望變成一個怎樣的人，對我們而言，只要我們腳踏實地的去做自己想做的事情，我們就會成功！

遺憾的是，在我們的人生歷程中，我們卻沒有真心或勇氣去做我們自己想做的事，結果錯過了許多原本屬於我們的機會。那麼，是什麼樣的外因或內因，阻止了我們做真心想做的事情，讓我們無果而終呢？首要的因素是源於我們的內心。

「福禍到頭終須了，善惡僅在一念間」，你想做君子，還是想做小人，只是取決於你的一念之間。如果我們的內心戰勝了邪惡，那麼我們就能成為君子；如果我們的內心被邪惡所侵蝕，那麼我們就只能枉做小人。

誠如「人之初，性本善。」感謝上蒼對我們的眷顧，只要看看我們身邊的親人、朋友、同事，甚至陌生的路人，我們不難發現，他們都是慈祥、善

良、可愛的。他們用愛著身邊所有的一切。從他們身上，我們已經深深的感受到，這種愛永遠會無怨無悔，永遠會綿延無期，不論我們這個世界如何變化、如何多舛，只要有他們，我們的生活總是充滿陽光。

「這就是愛，說也說不清楚……」，這是每個人身上體現出的最基本的愛，也就是人們常常說的自愛。我們如何來理解這種自愛呢？相信此時的你已經有了自己的答案。

「為目標而戰！沒有人能夠隨隨便便成功。」，天分固然重要，但努力永遠不可或缺，只有努力，人生才會走向光明，才會走向巔峰。永遠保持勤奮的工作態度，永遠保持樂觀向上的積極心態，相信聰明睿智的你一定會得到他人的讚揚和稱許，一定會贏得老闆的器重和信賴，同時也會獲得更多的升遷和獎勵。

人就是一個奇怪的動物，在每個人的身上，都擁有著無窮無盡的力量。這種力量，一旦運用得當，將帶給我們無窮無盡的寶藏，帶給我們意想不到的成功，這種力量，可以使我們成為自己嚮往已久的人物，得到自己渴望得到的一切，實現自己為之努力的夢想。這就是我們的內力，這種力促使我們時刻傾聽自己的心語，理智的分享他人的每一句讚美，最終引導我們走向人生的頂點。

「心安必慎獨，心安必境達」心安，就要時刻謹遵做人的道德準則；心安，必將達到自己的目標。

願你我心安。

重複學習有新的收穫

《論語‧為政》中，子曰：「溫故而知新，可以為師矣。」

從兒時起，在我們學習說話時，若大人教我們不斷的重複同一句話，久而久之我們自然便會脫口而出。

上學後，對於國字、數字、課文，老師會讓我們一遍遍的寫，一遍遍的讀，甚至背誦。

無形中，「重複」，成了我們每個人的習慣。任何新能力、新知識的獲得，都要化為你的行為才算是有效。這是因為人們意識到的事情，如果想真正的發揮出來卻很難，必須經過重複記憶，進入潛意識後，成為一種所謂的下意識制約反應，也就是無意識的動作，成為不必經過思考便可自然而然做出的動作行為。

就像走路、跑步、學游泳、學開車，一旦你學會了，你就可以不必思考可，很自然的做出標準動作。開始學習的時候，我們是不能做到這些。而是通過一遍又一遍的重複才會讓我們進入下意識的動作。

如同很多的銷售訓練，老師都會要求學生不斷的重複。而當學生重複的足夠多次之後，在顧客面前他們便會自然按照課程中所教的標準去表現給顧客，這叫什麼？這就叫技巧。

技巧就是如此簡單嗎？對，就是這麼簡單。簡單的東西並不意味著就不實用。

學習靠重複，重複真的會有新的收穫嗎？如果你不信，你就去一遍遍的讀一篇文章或是一本書。每讀過一遍，你一定會有新的收穫。

愛情的姿勢

　　看到這個題目，一定會有許多人感到疑惑，難道愛情還需要什麼姿勢嗎？愛情的姿勢到底是什麼樣的？

　　生活中，我們每天都在老婆、老公的叫著，無論是心裡還是語氣，都如白開水般淡然無味，覺得早已經失去了往日的那份愛的甜蜜。

　　也許有的女人還不明白，結婚數年之後，為什麼老公回到家裡，根本就不看自己，而是只看報紙、電視？而老公也不明白，老婆為什麼拿自己只當是空氣，卻很關心工作中的是是非非，或是孩子的吃喝拉撒，甚至是鄰里街坊的小道消息。

　　在上述的問題上，明星們可算是頗有心得，因為他們早已認識到，如果沒有妙招，再高級的條件也要面對「有行無市」的尷尬，其狀況就如下面的故事：

　　李麗青是某航空公司的空姐，三十歲，漂亮、性感、收入頗豐、單身、有個性。江飛雲年輕，帥氣，是某知名企業的部門經理。江飛雲三次與李麗青在不同的月份、時間、地域空中邂逅，他不失時機的要到了她的手機號。

　　空中──

　　「又是你，第三次了吧？」江飛雲很自然的說道。

　　「上一次你是去西安？」她的回答讓江飛雲著實意外。

　　「如果下一次你還記得我的上一次，我請你吃飯。」江飛雲一邊耍著嘴皮子，一邊拿出了一張名片，「請問有筆嗎？」

　　李麗青迅速遞上。

　　江飛雲沒有接筆，卻把名片遞給了李麗青，說：「哦，我不需要寫了，把你的名字寫到我名片的後面。我再給你一張我的名片。」

　　他們彼此很自然的抓住了繼續交往的機會。

地面 ——

他們有了一個共同下午茶的時間。他們平平淡淡的，像多年不見的老朋友那樣聊著各自的生活和工作。

可是，談了一會兒後，江飛雲就感覺到哪裡有些不對了。

江飛雲看著李麗青發呆。她穿的不是空姐的制服，雖然也是名牌休閒服，但還是讓江飛雲對她最初的期待有所減弱。

江飛雲繼續看著她發呆。她在生活中比空中還隨和、還細心，很平易近人。但空中的她卻有一種高傲感，那種感覺很讓江飛雲著迷，讓人若即若離，但現在那種感覺消失了。

在航班上，她說話的語速是慢的，聲音也是溫柔的，禮貌的方式讓你感覺她內在的涵養超出了外表的端莊、大方，而且顯得很職業化。她無意間給旅客一個淡淡的微笑，對無禮者表現出了自謙大度，還有她富有愛心的眼神等等，但回到地面時，江飛雲都找不到了。

江飛雲不知道哪個狀態的她才是真實的，江飛雲想到空姐的特殊工作環境，會有很多接觸陌生人的機會，便問：「我是你私下裡見過的第幾個乘客？」

李麗青誠懇的說：「這我倒是沒留意，我私下裡也就見過十幾個，都是像你這樣很熟悉的平常旅客，彼此真是像朋友一樣。現在大家都挺忙的，也沒時間和那份精力聚會。」

「他們都是男性吧？」

「還真都是」她有點意外的說完

「他們是不是想追求你？」

「別以為這個職業就會有很多追求者，其實不是的。都像你這樣，覺得熟悉了，生活中就認識一下。」

　　江飛雲驚訝她說出的話，他覺得一定有和他一樣經歷的男人，他們在生活中約見李麗青，絕對不可能只是很簡單的認識一下。

　　李麗青說自己不會把握愛情，她渴望每個人都能愛上自己，但又怕自己最喜歡的那個人離開自己，所以她弄不清自己到底該如何抓住自己想要的東西。其實李麗青曾有過戀愛經歷，可能隨著年齡一天天的長大，她對於愛才會出現麻木的態度。

　　那是在幾年前的一個夏天，李麗青同樣是在飛機上認識了某外企的財務高層，彼此互生好感。在他們相識不到一周的時間裡，李麗青就同意了他的追求，兩人很快就同居在了一起。

　　他們相差十一歲，沒有時間過多了解，屬於剛認識就戀愛，甚至是先同居，後戀愛的那類人。雖然他們相處的每一刻都富有激情，但他們之間的戀愛關係卻非常脆弱，可以說是不堪一擊，兩個人都沒有機會深入了解彼此的性格。他一心撲在事業上，與李麗青很少溝通，而隔距就越來越深。

　　李麗青覺得，在他的頭腦裡面愛的定義就是：假如我愛你，我給你房子、給你車子。而對李麗青最大的傷害是，他經常會監督李麗青的行蹤，如果李麗青不能解釋清楚，他便醋性大發，對李麗青大打出手。

　　李麗青要的不是這樣的愛情，所以她果斷的提出了分手。

　　對於江飛雲來說，他也總是徘徊在愛情門口。這次，他本可以抓住機會，迅速出擊，但卻與他的理想狀態實際差距太大，所以他說自己多情，而沒有真感情。

　　他明白，從他的第一個女朋友開始，他就知道自己的愛情是來得快走得也快。他有些不明白什麼是愛情。

　　從以上的例子，你是否明白一些愛情的姿勢了呢？

　　第一，我們要區分出，迅速認識對方與迅速征服對方是兩個概念。

第二，無論出於什麼目的，對陌生人應該自然的釋放神祕感，這樣才可以保護自己，意外收穫愛情。

愛情就是這樣，你付出了，就能得到。你的姿勢正確，你才會堅持長久，而不至於閃了腰。

不蹉跎目前的歲月

過去的事情不會重來，明天還在將來，而眼前才是最為重要的。你要抓住眼前，不讓當下的事情溜走。這並不是說，未來與過去都不重要，未來還遙遠，過去已成永遠。而面對你的永遠是你的目前，你眼前是過去的結果、是未來的鋪墊，你抓住了，做到了最好，不蹉跎，你才會活得精彩，一生才會有意義。

我們大多知道這麼一句詩「明日復明日，明日何其多，我生待明日，萬事成蹉跎」不過，有些人因蹉跎了目前，釀成了大錯，後悔莫及；而抓住當前及時行動，則會另有一番天地。

有一個講師，在一個很多人參加的研討會上，問學生們：「你們有什麼夢想等著要實現？」

一位男子舉手回答，他一直想邀請某位心儀的女子參加即將舉行的一場舞會，但由於害怕遭到拒絕，所以他一直拖延著沒有打電話給她。

講師轉身問活動的主辦者：「他能用你辦公室的電話嗎？」

「當然。」

講師又問他：「你能現在就給她打電話嗎？」

他感覺很詫異，問：「現在？」

「現在」講師肯定的回答。

「好吧」他回答得很勉強，「是給她打電話的時候了。」

他起身去打電話，全場爆發出熱烈的掌聲。大家都在給他打氣，他們非常讚賞他敢於實現自己夢想的勇氣。

大概十分鐘後，他回來了。

講師問他：「怎麼樣？」

「我約到她了！」他笑容燦爛的宣布。

全場爆發出一陣歡呼，人們都站起來喝彩。這次人們自發的給予他的支持，是講師在此類活動中所經歷過最熱烈的一次。全場的人們都因他克服自卑而取得的勝利而激動，同時，他的勇氣也讓在場的所有人深受鼓舞，使許多人醒悟到，如果要得到自己想要的東西，沒有必要一味拖延，一定要果斷出擊。

當講師第二年回到這個地方的時候，他興奮的向他介紹了他的新婚夫人。原來她就是在研討班上他打電話約的那個女人！

這件事讓很多人認識到，如果自己認准了目標，那麼這個目標一定是有理由的，所以我們必須給上天一個機會，讓它幫我們實現自己的目標。

如果你也有目標，那麼就不要猶豫了，現在就去做吧！

假如你的生命還剩下最後的 24 小時，你會怎麼做呢？你會給誰打電話？向他（她）說些什麼呢？

我們不一定非得安排什麼大事，也不一定非得在這麼短的時間內完成多有價值的事，我們要做的，只是讓生命中的每一分鐘閃光。

李斯特有一個十歲的導師，她能教會李斯特誠實。

有一天，當李斯特和十歲的柳西絲參觀完鸚鵡林開車回家時，柳西絲手裡拿著李斯特給她買的玩具兔在玩。

長途駕車使李斯特感到無聊，李斯特就決定和她交談，希望她能說出一些有意思的話，因為孩子有時會說出一些意味深長的話。

「柳西絲，告訴我你人生的故事好不好？」李斯特對她說。

她沒有抬頭，但認真的回答：「現在我人生的故事，就是把這個價格標

籤從兔子耳朵上拿下來！」

這就是從小孩子嘴裡說出來的話。

李斯特又問另一個小朋友娜塔莎：「生命的目的是什麼？」

她想了一會兒，咯咯笑起來，向李斯特說：「就在這兒！」

李斯特被孩子們吸引，因為他們正處於無憂無慮的年齡，他們只是享受著當前的快樂，李斯特喜歡分享他們的快樂。在生命的另一端，有些老年人在經歷了人生各個階段之後，超越了關於年齡的一般觀念，又回到了生命的起點，生活在現實的幸福中。

李斯特的朋友特爾現在已經 82 歲了。他是位牧師，有著一顆年輕快樂的心。有一次，李斯特在同他共進午餐時告訴他，他讓李斯特想起了自己 83 歲的朋友瑪麗亞。瑪麗亞曾讓李斯特看過她參加水下婚禮的錄影。

「那真不錯！」特爾笑了起來，「水下婚禮！我在船上主持過婚禮，但我還沒有在水下主持過。」

在 82 歲高齡時，大多數人都已經不太看重這些事了，他們也很少評論這類事了，因為他們喜歡生活在對過去的回憶裡。但特爾卻仍然期待著更加不同凡響的體驗。年齡對於特爾來說並不是負擔。他時刻享受著生活的快樂，因為他的心靈是自由的。

所以，很多時候，我們要做的就是忘掉時間、忘掉自己的年齡，充分的享受當下，這樣你就永遠會快樂。

人們常說：「過去就像作廢的支票，將來就像期票，而當前就是我們手頭的現金。」從這句話上講，我們唯一的職責就是把當前看做是最重要的時刻，投入全身心享受當前的快樂。得到你所有的，創造你渴望的。現在就是你一直在等待的那個時刻，而你就是那個你一直等待的那個實現你夢想的人。

「花開堪折直須折，莫待無花空折枝。」古人尚且明白這個道理，何況我們今人！

從青年的故事對細節敏銳

19 世紀時有一位瑞典青年，家境很窮困，通常是有一餐沒一餐，哪裡還有條件上學接受教育呢？但這位青年並不為自己的處境所困，既不怨天尤人，也絲毫沒有自暴自棄，他一有多餘時間就用來自學關於建築和化工方面的知識，決心要用自己所學的知識改變自己的命運。

後來，他進入了一家建築公司當起了小助理。憑著自己的經驗，他竭心盡力地工作，深得上司的讚賞。因為表現出色，他先後協助了一些著名建築師的工作，並從中學到了許多東西。再加上他潛在的天份，他逐漸在建築界小有名氣，被許多人所肯定。但是，因為他沒有好的學歷和出身背景，所以不論他再怎麼努力，都無法打入上流社會，成為地位崇高、有名望的建築師。看到無法實現願望，青年鬱鬱寡歡。

有一天，他在街上遠遠的看到一群侍衛，簇擁著瑞典國王查理四世出訪，他情不自禁的想：「若我有國王這樣的機遇就好了。」

原來查理四世是個法國人，曾是拿破崙身邊的元帥，由於他的卓越才能被老瑞典國王所賞識，因為在臨終前收他為義子，就將自己的王位讓給了他。

查理四世不負老瑞典王的厚望，將瑞典治理得井井有條。

青年感慨的想，如果自己也能像查理四世當年一樣，有機會引起他的注意多好。儘管覺得不可思議，青年人並沒有氣餒。他動起了腦筋。

「若我能建造一個很特殊的建築物，來吸引國王，那就好了！」思索良久，青年的眼睛一亮，「對呀！國王原來是法國人，若我在瑞典建造一座類似法國凱旋門的建築物，必能引起他的注意。」

有了這個想法，青年四處奔走，爭取到幾位過去有生意往來的企業家的支持，不久之後，他就在一座國王經常經過的瑞典小城內，建起了一座凱旋門，其神韻酷似法國的凱旋門。

一天，國王經過小城，突然看到城中出現了一座凱旋門，和自己故鄉的一模一樣，彷彿一下子回到了法國，驚訝的說不出話來。睹物思情，緬懷過去，引發了他許多感慨。

於是，順理成章，國王特別召見了青年，誇讚他的建築技術。

受到國王讚賞的青年建築師，忽然之間聲名大噪，各種媒體爭相報導有關他和他的建築作品。他被大家奉為天才。從此，他不但擠進了上流社會，更一躍成為瑞典建築界大師。

瑞典青年傾注自己的全部心血於建築藝術，他從少時的一點一滴自學、累積知識起步，後在建築公司努力實踐，積極學習別人的經驗，將自己對建築的熱愛變成不斷學習和實踐的過程，牢牢記在心中，成為一個著名建築師所必備的基本素養。在實現自己想法時，他不放過一絲一毫的可能性，對細節的敏銳，終於成就了他的願望。

一個人，只有認準一件事，那怕是很小的事，不懈的努力下去，才能使自己成為這方面的專家，離自己的希望、幸福的生活越來越近。

從法拉第主動贏取機會得到的啟發

英國有一位年輕人，從小就在街頭賣報，後來在書店和印刷廠當了 7 年的工人。在這段時間裡，他讀了很多書，對科學研究產生了濃厚興趣。後來他聽說英國皇家學院要為大衛教授選拔科研助手，他就去選拔委員會報了名。一位委員聽說他只是個裝訂工人，便嘲笑說：「你是不是頭腦燒壞了？」年輕人又來到大衛教授的大門口，在門前徘徊了很長時間以後，終於鼓起勇氣敲響了門，教授微笑的說：「門沒有鎖，請進來吧。」年輕人疑惑不解的問：「教授家的大門整天都不鎖嗎？」

「幹嗎要把門鎖上呢？」教授微笑著說，「當你把別人鎖在門外的時候，也就把自己鎖在了屋裡。」

教授聽了年輕人的述說和要求之後，寫了一張紙條遞給他說：「你告訴委員會那些人，就說大衛老頭同意你報名參加考試了。」

經過激烈的選拔考試，這個裝訂工人出人意料的成了大衛教授的實驗室助手。這個年輕人就是發明了第一台感應發電機、發明了儲存電能的方法和發現電解定律的法拉第。

紀伯倫說：「除了黑夜的道路，人們不可能到達黎明。」如果將黎明比作機會，那麼法拉第從來就沒有抱怨過黑夜的漫長，也沒有抱怨過黑夜裡的寒冷，而是執著的從那片烏雲裡尋覓一絲希望、一線曙光。法拉第的機遇正像他自己所說的：「努力了九十九分，包括去敲教授大門的那最後一分。」

主動行動包含以下兩個方面的含義。一是要立即行動。這是一個變化非常快的世界，機會稍縱即逝，所以找到了任何機會，就要立刻去行動。另外一個就是要執著。

很多人在日常生活中總是抱怨自己沒有好的機會。可是，如果沒有積極的思想、主動的行動，即使有了好機會也不會知道，還是一樣會錯過的。因此，人生中並不是沒有機會，而是需要用積極的思想去發現它，並且也要主動出擊去把握好機會。

管理者識別人才注意事項

識別人才，首先要看到那些鋒芒畢露的人，其次要注意尋找那些表面上平淡無奇和暫時默默無聞的人，他們實際上往往是很有發展前途和才華的人。

顯露出來的人才好比上林之花，錦繡燦爛，蜚聲世間，令世人注目，都想得而用之。潛在人才則有如待琢之玉，像塵土中的黃金，沒有得到公眾的承認，沒有顯露出自己的價值。如果不是獨具慧眼的識才者是難以發現的，千里馬之所以能在窮鄉僻壤、山路泥濘之中，鹽車重載之下被發現，是因為幸遇善於識馬的伯樂。千里馬若不遇伯樂，恐怕要終身困守在槽櫪之中，永無出頭之日。許多潛在人才都是因為被「伯樂」相中之後，並得到了一個施展才華、發展成長的機會，才會獲得成功。

管理者要想多、好、快的識別和發現潛人才，必須注意以下幾點：

一、通過他們的話了解其心志

潛在人才都是暫時尚未得志者，他們不太麼會在公開場合說官話、說假話，他們的話絕大多數是在自由場合下直抒胸臆的肺腑之言，是不帶「顏色」的本質之言，因此他們真實的思想感情更能如實地反映出來。

二、通過觀察他們的行為識別其追求

一個人的追求往往是通過一個人的行為體現出來的。一個講究吃喝打扮的人，所追求的是口舌之福和衣著的華麗，一個善於請客送禮的人，所追求的是吃小虧占大便宜，一個工作吊兒郎當，可是卻十分周到、殷勤伺候上司的人，往往是為了追求個人私利，這些都是通過行為表現的。

任何人一旦成功進入了自己希望扮演的角色，就會為了保住角色而多多少少的帶點「裝扮相」，只有在一般人中的人才，他們既無失去角色的

擔心，又不會刻意尋覓表現自己的機會。所以，他們的一切言行都很質樸自然。管理者若能在人才毫無裝扮的情況下透視出他的「真跡」，而且這種「真跡」又包含和表現出某種可貴之處，那麼這種人才，十有八九是可靠的，可以大膽啟用。

三、通過分析，辨其才華

處於成長發展階段的潛在人才，有時甚至處於成才的初始時期，但既是人才就必然具有人才的先天條件，也許有初生牛犢不怕虎的膽略、也許有出污泥而不染的高貴品格，也許有三年不鳴，一鳴驚人之舉，更或許有「雛鳳清於老風聲」的過人之處。

總之，既然是人才，就必然有不同尋常之處，否則就稱不上人才。一位善識人才的「伯樂」，正是要在「千里馬」無處施展拳腳之時識別出牠和一般馬匹的不同，如果「千里馬」已經在馳騁騰越之中顯露出英姿，又何用「伯樂」來識別呢？

四、聽到他們的讚譽後觀察其品行

時刻保持自己的頭腦清醒，有自己的獨到見解，不受言語左右，才能成為善於識別人才的人。對於已成名的人才，他們應多聽一聽反對意見，不應跟在吹捧讚揚聲的後面；對於那些還未成名的潛在人才則應留心在意所受到的讚譽。人云亦云者居多，大家說好，說好的人會越發多了起來；大家說不好，說不好的人也就會隨波逐流。當人才處在潛伏階段，人們對潛在人才的稱讚是發自內心的，用人者如果聽到人們對一位普通人進行讚揚時，一定要引起注意。古往今來，用人者都是在聽到別人的讚譽後才發現和使用人才的。

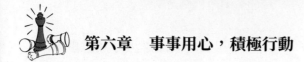# 第六章　事事用心，積極行動

第七章　保持熱情，輻射你的能量

人應該積極向上，應該有股熱情。精力充沛的人可以在各種事情中遊刃有餘、水到渠成；沒有熱情的人，曾抱怨、怨恨頓生，人生很難有起色。

企業中有功勞沒苦勞

在公司裡，如果有人問你：「你的價值體現在哪裡？」，你是否會愣住？想了一會後，你是否會用一句「我沒有功勞也有苦勞」來搪塞過去呢？

的確，那些能力不怎麼樣，對待工作又沒有盡心盡力的人，常常用「我沒有功勞也有苦勞」這句話來安慰自己，這也常常成為這些人抱怨牢騷的藉口。因為他們始終認為，一項工作，只要做了，不管有沒有結果，都應該算是成績。

當今企業中，有不少員工存在這樣的想法。當上司交代的任務沒有按時、按量的完成的時候，他們就會產生「沒有功勞也有苦勞」的觀念，覺得管理者應該諒解自己的難處，會考慮自己的努力因素，否則就是管理者小肚雞腸，不夠以人為本。

但是，這實在是一種於人於己均無任何益處的陳腐觀念，因為這種沒有功勞的所謂苦勞不但消耗了自己的時間，還浪費了企業的公共資源。

如今的市場經濟下，絕大多數企業是只認效率、只認功勞。所以說，企業只能創造效益，員工只能拿出成績。假如企業生產的產品品質不好，不可能說，這種產品雖然品質不好，但也是通過企業員工千辛萬苦製造出來的，顧客就必須將其買去吧，如果只是因為企業員工真的很辛苦，消費者是絕對不會這樣做的，消費者不是傻子！

承認沒有功勞也有苦勞具有嚴重的危害性，承認苦勞就等於承認低效率，就會導致企業員工不再積極進取，而是得過且過，這樣企業就沒有任何效益和成功可言，沒有功勞的所謂苦勞也只能是浪費資源。

馮青揚經過數十年的努力，終於從一名普通的財務人員坐上了公司財務部門總監的位子，享受著優厚的薪水和福利待遇。他是公司的老員工，論資歷在公司很少有人能與他相比，這也養成了他自以為是、目中無人的習慣。

　　隨著公司發展步伐的加快，公司陸陸續續的招進了一批新人，財務部也進了一個名牌財經大學的畢業生。為了讓新員工盡快適應工作崗位，公司要求老員工盡量幫助帶帶新人。在新人到來的時候，身為財務部的負責人，馮青揚口口聲聲說要多幫助這位新來的員工。

　　但是很快馮青揚感到了一種強大的、前所未有的壓力，因為這個新員工工作能力極強，除了懂財務、行銷、外語和電腦，還曾經獲得全國珠算大賽的大獎，可謂是才華出眾，千里挑一。相比之下，馮青揚除了資歷以外，幾乎沒有什麼可以與之相比的。

　　這讓馮青揚很為難，別說幫助別人了，自己有時還得向這位新員工請教一些問題。經過暗中觀察，馮青揚發現這名新員工年紀輕輕，性格柔弱內向。經過一番計畫，馮青揚對她制定了「全面遏制」政策：處處為她設置障礙，盡量不讓她接觸核心業務，甚至連電腦也不讓她碰，還美其名曰「專人專用」。

　　可這也沒有難倒這位新員工，一支筆、一把算盤，她就把經她之手的帳目做得圓圓滿滿，無懈可擊。幾年下來，她一直都是忍辱負重，工作上一絲不苟，精益求精，想抹殺都抹殺不了。

　　相比之下，馮青揚就慘了，他自己做的一些項目屢屢出錯。一次，他做的一個重大項目的帳目被國稅局指責為不完整，公司面臨被處罰的危險。老闆忍無可忍，給馮青揚施加壓力，讓新職員參與全面的糾錯和核查。

　　俗話說：「革命不分先後，功勞卻有大小。」不久，公司老闆果斷宣布，由新職員擔任公司財務總監，馮青揚只是負責內務，這讓他處在失業的邊緣。

　　其實這也怪不得企業老闆心狠，或是被說成「用人在先，不用人在後」，因為企業需要的是能夠解決問題、勤奮工作的員工，而不是那些曾經做出過一定貢獻，現在卻跟不上企業發展步伐、自以為是、不幹活的老員工。在現在這樣一個憑實力說話的年代，講究的就是能者上，平者讓，庸者

下，沒有哪個老闆願意拿錢去養活一些無用的閒人，也就是說老闆不是開慈善堂的。商業時代以效率為先，憑業績說話。企業中員工不管多麼辛苦忙碌，如果缺乏效率，沒有業績，那麼一切辛苦皆是白費，一切付出均沒有價值。一切用成功說話，只有成功，員工的付出才能得到回報。這是一個憑業績說話的時代，在這個時代，只有功勞，沒有苦勞。

埋怨不如改變

　　一個年輕人晚上同家人一起玩牌，每次拿到牌都很差，結果全輸了，於是，他開始埋怨自己手氣不佳。年輕人的母親突然停止了玩牌，嚴肅的對年輕人說：「不管你手中的牌怎樣，你都必須接受，並盡最大努力玩好自己的牌！」年輕人看著母親那嚴肅認真的面孔，愣了愣，有些不解。母親接著說：「人生也是這樣，你無法選擇牌的好壞，但你可以用好的心態去接受現實，並想辦法讓手中的牌發揮出最大的威力，獲得最好的結果。」從此以後，年輕人一直牢記著母親的這次教導，他不再埋怨自己的命運，而是以良好的心態去迎接人生的任何挑戰。通過他不懈的努力最終從德克薩斯州的農村走了出來，一步步成為陸軍中校、盟軍統帥、美國總統。這個小男孩便是美國第32任總統艾森豪。

　　所以，越是逆境之中，我們越要保持好的心態，不要去埋怨自己的命運如何，自己去爭氣，去努力，這才是你走向成功的唯一出路。

　　林勇強在波士頓大學讀書的時候，學習刻苦，是一個品學兼優的留學生。成績一直非常突出，只用了兩年時間就獲取了經濟學學士學位。20歲那一年，又獲得經濟學碩士學位。這個時候，具有碩士頭銜的林勇強，卻不知為什麼到了一家影響力及規模皆不太大的股票經紀所去任職，在那裡當上了一名初級證券分析員，週薪只有50美元！對於他這樣的高材生來說，這

種選擇簡直是糟透了。但他接受了，在他看來，金融市場和商品市場不同，金融市場是以資金代替商品進行交易，流通和使用的是上千萬種證券與票據等信用憑證，在金融市場中，最具挑戰的就是股票交易，而這正好能夠激發出自己非凡的創造力，能挑戰自己的極限。為了賭這一口氣，林勇強就如一座噴發的火山，釋放出無窮的智慧。他冷靜分析投資趨勢，果斷採取發展策略，科學判斷市場行情。林勇強的刻苦使公司基金的年收益以50%的速度增長！這樣高效益、高速度在公司發展史上是前所未有的。他也通過在股票操作盈利中的提成擁有了公司20%的股份，事業走向了一個新的階段。1965年，公司因人事更替，董事長一職需有人接替。在這個問題上，外界與公司內部似乎非林勇強莫屬，因林勇強的貢獻與長達七年的經營實踐，應是眾望所歸，已有定論。可事實上並非如此，退休的董事長卻在這個時候暴露出某些美國人對華人的偏執、狹隘、傲慢的偏見。他對林勇強的才華視若無睹，對這些年公司發展好像無動於衷。在他和絕大多數的美國人眼裡，華人是沒有資格擔當重任的。在林勇強走出公司大門的那一天，他曾經發誓：「終有一天，我要在華爾街建成一座大廈、一樓做銀行，二樓做財務公司，三樓做股票經紀公司，四樓做保險公司，五樓⋯⋯使它成為金融業的超級市場，我也會在這一天向所有忽視華人能力的人們發起挑戰！」

1969年2月，40歲的林勇強已成為曼哈頓互惠基金會董事長。當年他說下的豪言壯語也已經實現，林勇強的聲名與公司的良好業績如日中天。於是，林勇強運籌帷幄、審時度勢，果斷向社會發行曼哈頓互惠基金股票。股票一上市，轟動一時，許多人紛紛搶購，一舉打破華爾街股票發行的紀錄！其中更有意思的是，那位曾懷有傲慢與偏見的董事長與林勇強曾有一次不期而遇，他非常慚愧，意欲回避，林勇強卻不計前嫌，表現出大肚的氣量。他還衷心的感謝這位董事長，因為如果沒有他當初的傲慢和偏見，也許就成就不了林勇強這樣一位「華爾街金融王子」。

也許在旁人看來，擁有高學歷和高智商的林勇強當年屈身於小小的股票經紀所時，都在感嘆他命運不好，然而，林勇強卻沒有因此埋怨。對他而言，無所謂好壞，自己的賭本就是一口氣，而不是與生俱來的身分和現成的財富。然而憑著這一口氣，他贏了，贏了全世界。人生本來就不平等，上帝總是拿一個被咬了一口的蘋果給你，若只是一味埋怨自己出身不夠顯赫，那麼你永遠也不會有任何出頭之日。所以，當外界的條件不利時，你做的並不是埋怨自己的運氣不好，而是應該改變這個現實，這樣你才能如日中天！

改掉懶惰浪費時間的習慣

每個人的一生中，都不可避免的要犯懶，這固然是緣於我們的惰性，更主要的還是因為我們內心的問題。

在懶散中浪費時間，有兩種途徑：一種是主動浪費，一種是被動浪費。

所謂主動浪費，是指由於自身的原因而造成時間的浪費。譬如說，你明明知道打電腦遊戲會消磨許多時間，可你偏偏為了滿足自己的玩欲，坐在電腦前打個不停，結果是什麼也沒有得到。

所謂被動浪費，是指由於他人的原因或突發事件而造成的時間浪費。比如說，在你工作時，同事與你白白閒聊了兩小時，這兩個小時就屬於被動浪費。

也許有人會說，和主動浪費相比，被動浪費要輕得多吧，畢竟這不是我的主觀故意啊！

其實，這就是一個五十步笑百步的問題，無論是何種浪費，都是浪費。浪費的性質未變，浪費的結果也便如一。

人的惰性處處存在。睡在陽光下，你暖洋洋的不想起來；坐在樹蔭下聊天，你舒服的不想離開；不願工作或沉迷於娛樂廳中流連忘返，致使很多應

該做的事情沒有做，也使很多本應成功的人平平淡淡。歸結起來，其罪惡之首 —— 就是懶惰。

如果說，你能把一天的時間安排得滿滿的，讓工作壓得你喘不過氣來，你就會在忘我的工作中改掉懶惰的毛病。

「在家靠父母，出外靠朋友」，這是很多人養成依賴心理、導致懶惰的根源。如果把你放在一個遙遠的地方，在陌生的環境中獨自生活，你就會逐步自食其力，改掉懶惰的壞習慣。

在工作中，有的人稍有壓力，就撒手不幹，或是等待明天再做，這樣一拖再拖，就有很多事情給拖了下來，而時間卻悄無聲息的順著指尖溜走。

曾有這樣一句很經典的話：「浪費別人的時間，無異於謀財害命。」浪費自己的時間呢？我們只能說那是在浪費自己的生命，在謀害自己的性命。還有句話是「習慣成自然」。許多人的拖拉，就是因為形成了習慣。對於這樣的人，無論用什麼理由，都不能使他自覺放棄拖拉的習慣。因此，需要對這些人重新訓練，培養良好的積極習慣。

一個人再拖拉，到了必須要做事的時候就必須得做事了，如同房子起火，人就不得不快速逃生一樣。懂得了時間的重要性，你就不會再拖拉下去，以免造成危害和其他人的不滿。

把情緒寫下來

生活中我們常常會因為某些非理性的因素而控制不住自己的情緒，造成一些不該有的後果。就像下面的一些情緒：

憤怒。這會使人失去理智思考的機會。在許多場合，因為不可抑制的憤怒，使人失去了解決問題和衝突的良好機會，尤其是一時衝動的憤怒，可能意味著事過之後要付出高昂的彌補代價，你在實際生活中，憤怒造成的損失

往往是難以彌補的，你可能從此失去一個好朋友、失去一批客戶，而別人對你的合作也會產生疑慮。人在憤怒情緒的支配下，往往不會顧及別人的尊嚴，並且嚴重的傷害了別人的面子。損害他人的物質利益也許並不是太嚴重的問題，但損害他人的感情和自尊卻無異於自絕後路。

狂躁。狂躁給人以一種假像，彷彿此人精力充沛，說話與做事都那麼有感染力，顯得咄咄逼人。初次接觸狂躁者時，許多人都會產生錯誤的感覺，以為他是那麼的具有活力，使人感動，可是，隨著時間的推移，以及了解的加深，你也許會發現，狂躁者其實不過是一張白紙，你會發現他狂躁表面下隱藏的缺陷：他的談話沒有深度、他行事缺乏條理和計劃性、他說過話轉眼就會忘記，交給他的任務也不會受到認真對待。狂躁的情緒容易使人陶醉，因為狂躁者的自我感覺極好，他會顯得雄心勃勃。可是，世界上沒有狂躁者成功的例子，狂躁是情緒的極端。

猜疑。猜疑是人際關係的腐蝕劑，它可以使觸手可及的成功機會毀於一旦。許多猜疑最終都證明是誤會，如果相互之間的溝通順暢，那麼猜疑的黴菌就無處生長。對成功路上艱難跋涉的追求者來說，猜疑將是一個隨時可能吞沒你整個宏偉事業的陷阱，因為你的猜疑可能隨時被別人利用，而蒙在鼓裡的你還渾然不覺。其實，只要你細加分析，就不難發現，猜疑是多麼的沒有道理和破綻百出。猜疑的原因是對自己的控制能力缺乏足夠的自信。為什麼會猜疑？因為擔心自己的利益受到損害，而這種擔心顯然是由於對自己對控制局面的能力信心不足。

忌妒。忌妒使人心中充滿惡意、傷害，如果一個人在生活中產生了嫉妒情緒，那麼他就從此生活在陰暗的角落裡，不能在陽光下光明磊落的說和做，而是面對別人的成功或優勢咬牙切齒，恨得心痛。易忌妒的人傷害的首先是自己，因為他把時間、精力和生命不是放在人生的積極進取上，而是日

復一日的蹉跎其中。嫉妒同時也會使人變得消沉，或是充滿仇恨，如果一個人心中變得消沉或是充滿仇恨，那麼他距離成功也就越來越遠忌妒。

　　緊張。適度的緊張使我們能集中精力，不至分神。但緊張過度卻會使我們長期準備的工作付諸東流。一個成功者，他也許一直都有些緊張的情緒，但之所以成功，是因為他已經學會了如何控制緊張。美國歷史上最著名的總統林肯，當眾演講時始終有些緊張，可是他知道如何控制和巧妙的掩飾過去，不讓臺下的聽眾覺察出來。

　　如何控制以上所說的非理性因素造成的不良情緒？看看下面這個故事：

　　一家公司的經理想出了一種很好的辦法發洩他的怒氣。年輕的時候，他在公司裡做一個小職員，當然，提升的渴望和現實有很大的出入，於是，他拿出紙筆，想寫辭職信。在寫辭職信之前，他為了發洩自己的不平，就在紙上寫下了對公司中每個上級職員和經理的評判。寫好後，他拿去讓一位老朋友看。那位朋友很有心機，他取出一枝藍色水筆，讓這位不平的朋友把公司中那些人的才能也寫下來，同時列出在十年之內如何提升自己的計畫。當這些東西都寫出來後，這位公司職員的怨氣消了很多，他決定繼續在這個公司做下去，因為與他相處的上級職員和經理既有缺點，也有優點，兼顧兩者的話，他認為自己沒有充分的理由離開這些人。從此，這位職員學會了一種發洩不平的方法，凡是忍不住的時候，他都要把心中的情緒寫下來，看一看，心境就平和了許多。

　　平時我們也應該學會把自己的情緒寫下來，你會從中獲得不少的收獲呢！

辦公室裡克制情緒

　　當我們在辦公室面對繁雜的人際關係與忙碌的事務而變得煩躁時，或者是覺得自己受到委屈與傷害的時候，自己的情緒通常會變的很壞。這也在所難免，但是若因此發怒，過於激動，其後果就很不好了。

　　一、是使自己與他人的關係因過分的摩擦而陷入了僵局，自己的形象也大打折扣

　　二、是帶有情緒去處理問題，只會把事情弄得更糟，日後更難以收拾。

　　我們的情緒與性格雖然有很大的關係，但是並不是不能改變的。只要我們常常提醒自己注意克制，就完全可能讓自己遠離情緒的旋渦，從而保持良好的心態。要想在辦公室裡克制情緒，那麼參考以下幾點吧，它可以幫助你：

1. 上班時不要帶著情緒的尾巴

　　觀察一下我們身邊的上班族就不難看出，有些人一上班就情緒不是很好，要麼做事時老是出差錯，要麼稍不留神就發起脾氣，他們可能在家時和配偶發生爭執，或者是在上班途中遇到了不順心的事，甚至可能是因為碰上了不幸的事。但不管出於哪種原因，若經常這樣做的話，就會帶給自己很多負面的影響。

　　因為，當我們帶著情緒去上班，自己就會變得心煩氣躁，對別人也就造成了一種負擔。這樣不僅工作效率不高，還有損自己在他人心目中的形象，可謂是大打折扣，試想誰會把重任交給一個喜怒無常的人呢？

　　因此，不論我們在自己的生活中碰到了怎樣不如意的事，即便是身陷苦海，也不要把情緒帶到辦公室裡去。而要將它棄擲門外，及時調整好自己的心態，進入正常的工作狀態，做好自己本職的工作，以公事公辦為原則。

2. 學會讓自己的情緒冷卻

   你若在上班時意識到自己不好的情緒快要爆發了，甚至是在爆發的邊緣了，一定要告誡自己千萬不可以失控，而是要想辦法冷卻自己的情緒，暫時把它們放在一邊，先去處理手頭的公事，過幾天自然就會冷靜下來，然後再去做分析，找出解決問題的辦法。即使是遇到令人十分生氣的事，也不要讓自己當場發作，更不能向對方大發脾氣，這樣只能讓問題越來越糟。

   我們不妨用以下方式解決這些情況，例如命令自己臉上掛著微笑，因為笑臉可以將你的情緒隱藏起來，或者去洗手間或其他別的地方，待理智占了上風能冷卻自己的情緒了再回來。你若沒有這份涵養，或者是走不開時，那就強迫自己坐下來，喝上幾口水，也能讓情緒得到控制。

3. 看問題要從積極思考的角度

   我們有情緒，大都是因為覺得自己受到傷害或是委屈，認為錯的是別人。所以要把怨氣發洩出來，我們是否能變換一下角度，從比較有益的方面去想這件事，比如碰上對方是性格暴躁、不明事理的人，你不妨心裡想對方常常如此，整天讓自己生活在不愉快當中，是多麼的不幸，讓人同情，這樣你就不會像他一樣鬧情緒了。

   若是遇上了對你來說不公平的事，試著想想能不能用比較妥當的方式來解決問題。有些一時失去的固然讓人可惜，但是你通過其他途徑也許會得到更多的東西。俗話說：「條條道路通羅馬」，要相信所有問題總能找到解決的辦法，只不過要看時機，但發洩情緒卻只能是一條絕路。一旦從積極的角度去思考你所遇到的事情，你就會讓自己重新振奮起來，也變得富有同情心，而這正是做好工作、處理好人際關係的良好基礎。

4. 要把焦點集中在能解決問題的辦法上

   我們一旦遇到會讓自己生氣並會引發情緒波動的事情時，不要把焦點放在誰對誰非上面，也不要以為發脾氣就能解決問題，更沒必要為此而耿耿於懷，這樣無濟於事，只會使自己的情緒變得更為糟糕。

   把焦點放在解決問題上面是最好最有效的辦法，就事論事，別的只是枝節問題。爭取經過你自己的努力使問題得到妥善的解決，這樣更有助於你消除負面的影響。在我們工作過程中，會有很多事情引發情緒，所以要想遠離情緒的旋渦，就有必要提醒自己多注意培養這方面的能力。

5. 對自己的工作專心而投入

   最好的辦法就是專心投入自己的工作，這是多名專家一致認為的。試想當你在工作時全心全意，只想著怎樣做好，又哪有時間滋生或去理會情緒這東西。因此，你若不想讓壞情緒糾纏住，從而影響了自己的前程，最好的辦法就是增強工作責任感和自己的敬業精神。

有生存危機意識

在自然界裡優勝劣汰，獅子每天都在沉思：「當明天的太陽升起時，我要拼命的奔跑，追得上跑得最快的羚羊，這樣才能有飯吃。」與此同時，羚羊也在琢磨：「當明天的太陽升起時，我要拼命的奔跑，這樣才能不至於被獅子捕殺。」

對於現實世界的我們而言，無論想當獅子還是羚羊，如果沒有一種對自己現有工作能力、知識儲備不滿意，而產生的危機感，早晚會被社會淘汰。

崇尚個人奮鬥的美國，他們相信只有通過自己的汗水才會換來金錢、地位與享受。因此每個人都比別人更努力的工作，更注重效率，在如此快節奏的生命線上奔跑。

　　用美國人的標準來說，歐洲人個個過分的遊手好閒、無事懶散；而在歐洲人眼裡，美國人全都是工作狂，在歐洲，譏諷美國人不懂享受生活的笑話比比皆是。

　　可是，過去高福利保護下的歐洲人只關心捍衛現有的優厚待遇，整個社會缺乏活力，人們也就普遍缺乏工作熱情，致使現在的歐洲經濟萎靡不振，人民生活狀況在逐漸倒退。所以現在的歐洲人是笑不出來了。而在截然相反的美國，社會的激烈競爭，充滿著運動與變化，社會生機勃勃，經濟快速發展。

　　終於歐洲人意識到了再悠閒生活下去的危險性，開始學習美國削減社會福利用於刺激國民的工作欲望。歐洲和美國就好像有著不同生活方式的兩個人一樣，你更願意學哪個呢？

　　「生於憂患，死於安樂」是孟子很早就說過的，可是願意在悠閒安樂中死去的人還是比願意在憂患中活著的人多出許多。好逸惡勞是人的劣根性，不克服這個劣根性，無論誰都無法取得成功。如果你不甘於平庸的話，請多給自己一點壓力，再多給自己一點危機感，一個人的潛能絕對不會在沒有壓力的心理狀態下自動流瀉出來。

　　康乃爾大學的研究員曾經作過這樣一個試驗：

在一個沸水鍋裡放進一隻青蛙，受到強烈刺激的青蛙會一躍而出，成功地保住了性命；而同一只青蛙被放進溫水鍋裡，而將鍋加熱，在剛開始，青蛙覺得十分舒服，在鍋裡悠閒的游來遊去，等牠發現不對勁的時候就已經來不及逃出了，最後等待牠的就是被活活燙死的命運。

　　每個人都不會承認自己就是那溫水裡的青蛙，然而實際上人人都最有可能成為那鍋溫水裡的青蛙。當你如願以償的進入一家大公司，感覺前程無憂，就可以放鬆時；當你在理想的工作崗位上工作的遊刃有餘，權力、業績、收入都不錯，想要過一點悠閒自在的生活時；當你率領自己團隊取得巨大的

第七章　保持熱情，輻射你的能量

成就想要放鬆一下時，就是你最缺乏警惕之時，如同溫水被緩慢的加溫而在你不注意時，這時危機已經離你不遠了。為了繼續生存下去，為了不斷獲得發展，那就把「我是溫水中的青蛙嗎？」當成每天早晨和自己說的第一句話，大聲的問問自己吧。

為了保護鹿群，美國著名景區黃石公園曾經大量捕殺狼。狼群被消滅後，鹿群大量繁衍，對森林和草地都造成了極大的破壞，漂亮的白楊樹遭鹿啃食逐漸枯萎；海獺等食草動物由於缺少食物也逐漸減少，同時，鹿群本身也陷入了饑餓與疾病的困境。肥胖症、脂肪肝、高血壓、膽結石等疾病困擾著鹿群，從而導致鹿的品質與數量都大幅度的下降。

終於黃石公園在 1995 年 1 月迎來了他們耗資百萬美元的第一批客人──14 匹加拿大灰狼，一年以後又有 17 匹灰狼來到這裡。狼群的引入帶來了預期效果，鹿無法再悠閒的在山谷裡漫步，牠們必須在開闊的地帶活動，這樣不僅得要隨時觀察敵人，還要迅速奔跑的躲避狼的攻擊，體弱多病的鹿逐漸被淘汰，只有身強體壯的鹿得以生存下來，鹿群又重新恢復了往日的活力。

海獺又遊了回來，在水面上攔起小小的水壩，白楊樹則又重新長出了嫩芽。這件事讓人們得到深刻的反思：人們為鹿創造了最好的生存條件，沒有了天敵、一流環境、人類的精心照顧，鹿群反而退化了，當天敵出現，生存壓力增加後，鹿群才恢復活力。這就是大自然的法則，優勝劣汰，適者生存。

人其實也是一樣的，總希望在沒有壓力的狀態下悠閒自在的生活，害怕競爭帶來的快節奏與生活壓力，事實卻往往和期望相反，越悠閒越容易不知所措。競爭是人類社會發展的基本原則，啟迪了智慧、激發了鬥志、增強了勇氣，只有不斷提高競爭的能力，才能爭取優勝，從被動走向主動，從困惑走向自主，從逃避畏縮走向自立自強。也只有具備了競爭意識，才能抓住最佳時機，順利走向成功之路，從而成為社會中的強者。

196

　　有很多人認為現在經濟迅速發展，城市的中產階級也逐漸形成，追求閒適生活與品味人生應該是當前社會的主流話題。各類時尚雜誌中也紛紛勸導人們放慢工作腳步去享受物質生活，享受人生。美酒、跑車和高爾夫成了人們聚會時經常談論的時尚話題。稱讚別人「你很懂得享受」是絕好的恭維，誇獎一個人努力工作反而有譏諷他低效率與死腦筋的嫌疑，「休閒時代」的到來這一思想被主流媒體大力的鼓吹。

　　摸一摸這些發熱的頭腦，認真想想，現在的社會真的富裕到可以人停下來好好享受的程度嗎？ 在進入 21 世紀以後，物質的空前繁榮讓我們欣喜，但是繁花似錦的表像卻掩藏著巨大的生存危機。過剩的勞動力形成了龐大的失業大軍，讓職場成為最激烈的競爭場所。一個工作機會可能會有幾十個人甚至幾百個人去應徵，如同捷運上的座位一樣，只要坐著的人一離開，馬上就會有人坐上去。高學歷、各種證書也不可能保證你可以一勞永逸的留住。危機實實在在的擺在我們面前，大到就業問題、職業前景、行業危機，小到工作壓力、薪資多寡、人際糾紛，我們要正視並且要通過自己的能力和努力去解決這一問題。

　　當你在得過且過、悠哉的度過每一個工作日的時候，最好想一想那些四處求職而苦於找不到工作的人，你是不是想在不久的將來成為他們中的一分子？

　　當你在毫不節制的揮霍為數不多的金錢的時候，最好想一想假如你突然遭遇一場大病，你將用什麼來支付巨額的醫療費用？當你想買車、買房的時候，最好想一想以你目前的收入狀況能否承受的起飛漲的油價和飛漲的房價。

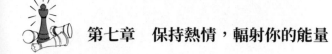

快樂與熱情相互衍生

　　在繁華都市中穿梭，有時很困惑，有時很迷茫，快樂沒人與你分享，工作壓力很大，都說事業的成功離不開熱情與快樂！但它卻近在咫尺，遠在天涯！

　　當你用快樂的心態看待你的人生，你的生命就不會充滿悲觀，就會擺脫乏味的思維模式，重新點燃起熱情的欲望，你會發現，原來快樂和熱情就在自己身邊。

　　有這麼一則故事：

　　洛斯，35 歲，沒念過什麼書，也沒有什麼特別的專長，一直做些不要求學歷的工作，他車開得很好，所以一直在開卡車。可他不喜歡這份工作。他是個虔誠的教徒，不喝酒、也討厭同事們整天說著髒話。因為他不喜歡跟那些同事喝酒，也不喜歡聽他們說的那些成人笑話，由此大家就叫他小妞。他看不到自己有什麼前途，只是從一個普通的工作換到另一個普通的工作，整天地混日子。他缺乏生活熱情，特別是生活中能夠做到的事。和朋友聊天時，朋友問他：「你為什麼不自己做生意？」他說：「我做什麼生意？我沒學歷、沒錢，也沒什麼經驗。」

　　朋友問：「你有空的時候做什麼？」

　　「不做什麼，只是到花園裡走走。」他一面說，一面從書房窗戶望出去，看著朋友的花園。

　　「你為何不開個小店，專門替別人整理花園？」朋友建議他。

　　他起初並沒有什麼反應，可在朋友繼續說他一天能夠整理三個這麼大的花園，並且能夠自己當老闆時，此時他的眼睛開始發亮了。朋友又說他唯一要花點資本的是買一部電動剪草機、耙子和鏟子這類工具，他已經有了很多的工具。朋友還拐彎抹角的談到他的宗教信仰，朋友說：「上帝創造世界，你整理這個世界，會感到與上帝更親近。」他的熱情開始增長。他明白他只需要在報紙上登個小廣告，只需利用空閒的時間去整理花園，直到

這方面的收入能夠養家之後再放棄開車。朋友向他建議的這個工作也沒有什麼「前途」可言，可是一個人有了熱情以後就不同了。洛斯開始整理花園了，他做得很不錯，他的客戶又把他介紹給他人，不久之後排隊等他去整理花園的客戶能夠列出一張名單來，這還只是他剛開始而已，如今他利用晚上去學習園藝學，夢想以後成為園藝設計師。現在他已經了解成功不是目標，真正的樂趣在這超越自我的一段黃金旅程裡，此時，他的自信也與日俱增。

洛斯由於熱情，他很樂著，因為，快樂根植於熱情，熱情是快樂的資本。任何時候，我們都想要快樂，而想要快樂，就必須抱有一顆熱情的心，不熱情，我們往往會對事情失去信心，而一旦失去了信心，我們做起事來就沒有勁頭，沒有勁頭談何快樂呢？

快樂是建立在自己喜歡的事情上，對自己喜歡的事情我們往往有足夠的熱情去完成，然而無論如何，快樂和熱情是相互衍生的，光談熱情不行，光去享受快樂也不行，努力把握好快樂與熱情的尺度，你會在積極做事情的同時保持一顆快樂的心。

不在於挫折只在乎努力

從小到大，每個人都會知道一句老得不能再老的話：「失敗是成功之母。」

一位姓劉的老師說，他一直對機械操作感到十分困擾，更不懂電腦。五十歲那年，學校大力推行數位化，學生的個人資料、測驗成績都必須輸入電腦存檔。

作為不懂如何使用電腦，再加上劉老師年紀大了，心中充滿焦慮，他對學生們講，他與電腦合不來。學生們不忍看老師如此苦惱，就安慰他，要幫他找高手來。

下課後，回到辦公室，一個女生低頭走到劉老師面前，說她很想幫老師把學生成績輸入電腦。

「你的電腦很棒嗎？」劉老師問。

「不，我很笨，我不是電腦高手，我的打字速度很慢，常被同學嘲笑！」這女孩紅著臉說，「老師，我家裡很窮，買不起電腦來練習，所以如果老師不嫌棄，願意讓我輸入成績，或許時間會拖得比較長，但對我來說，會是一個很好的練習機會！」

劉老師一聽，愣了一下，但看著她殷切、渴望、熱誠的眼睛，他不忍傷她的心，便點頭同意了。

從第二天起，女生每天放學後，就到劉老師辦公室，認真地把學生成績輸入電腦。她的動作很慢，但卻很高興。

劉老師不懂電腦，但他也能看出打字速度的快慢，他知道女生打得很慢，但他並沒有催促她。

三天後，女生興高采烈的說：「老師，都做好了！」

女生高興的將一份完整的成績表展現在了老師的面前。

劉老師被這位女生的勇氣、主動和認真所感動，決心自己也要好好學習電腦。

俗語說：「一個人的快樂，不是因為他擁有的多，而是因為他計較的少。」的確，計較的「少」比擁有的「多」更快樂。人，不能被過分的「功利」蒙蔽了雙眼。下面仍然是一個關於老師和學生的故事。

張老師曾對一女學生說：「今天晚上有一場不錯的演講，你要不要去聽？如果你願意的話，你一邊聽，一邊努力做筆記。並且，你今天晚上要立刻把演講的重點，寫成一篇新聞稿，用電腦打出來，明天早上拿給我，我幫你改！你願不願意？」

她想了想，說：「好！」

第二天一早，她帶著兔子般的紅眼睛，將演講新聞稿交給了老師。

為了不落後於這個時代，我們要努力的過每一天，而且告訴自己：「也許我很笨，但沒關係，我寧願走得比別人慢，也不願跟著別人盲目的趕路！」

「我不一定要做最大的，但要做最好的。」

「我們不能樣樣順利，卻可以事事盡力！」

在工作中、在職務上，我們或許不是最好的工作、最高的職位，但只要我們盡最大的努力，表現出最好的成績即可！所以，我們可以試著每天都做比你預想能做的事再多一點，做事不僅是要做「完」，而且還要做得「完美」。

人很少是第一次就成功的。人，總是在失敗中學習。

所以，有人失意，看背影就可以知道；有人得意，聽腳步聲就可以知道。

然而，得意時，不可說驕傲話；失意時，也不可憤怒亂罵。

每個人都會有挫折、有失敗，但想一想，如果我們的人生一切都順利，我們會有機會改變嗎？許多人的自我超越、自我提升、不斷進步，都是跌倒以後，再站起來，重新調整自己。

「十年河東，十年河西。」時間的巨輪不斷轉動，原本高高在上者，說不定哪一天就會到下面來了。原本在下面者，也有可能登到高處去！所以，我們要不在乎挫折失利，只要在乎曾經努力。

抓住機遇使其變為現實

在人的一生中有許多機遇,當機遇降臨時,沒有及時發現,就會與之失之交臂,一旦失去,就成了永遠的遺憾,所以說機不可失,時不再來。可是,有些人常將自己的不得意或失敗歸咎於沒有碰到機遇,卻不認真找找自己失敗的原因,究竟是沒有機遇,還是沒有及時發現和把握機遇?機遇,它無處不在,或者就在自己身邊,也需要我們善於去發現它。

一名法國鞋廠推銷員與一名德國鞋廠推銷員同時到一個島上推銷產品。他們抵達後,通過對當地人情風俗調查,都向上司發回了電報。德國人的電文是:「此地人均不穿鞋,產品無銷路,本人即回。」法國人的電文是:「此地人均光腳,亦無穿鞋歷史,產品潛力極大,擬常駐此地。」,隨著,法國人在島上大力宣傳穿鞋的好處,島上的人們逐漸接受了他的宣傳,一個新的市場就這樣被開發出來了。

機遇是成功的種子,但不一定是成功的必然,只有在發現機遇後,牢牢的抓住它、把握好它,並為之付出努力,才能使其成為自己走向成功的階梯,機遇也才會變成現實。

世上沒有劣勢。當一個同齡人平步青雲、有所作為時;當昔日同窗好友大展鴻圖、事業有成時,總能聽到有人抱怨說:看人家,有好的家世與背景、有好的機遇和條件,想不成功都不行。而自己要實現超越與成功,談何容易?事實上,機遇就在身邊,抓住它就會變為現實。

來到這個世界上,我們付出多少就會得到多少,只有不輕言放棄的人,不吝惜付出的人,勇於向命運挑戰的人,才能將劣勢變為優勢,將阻力轉為動力,一步一步走向人生的輝煌。

當然,人們並不是對所有的機遇都能及時地把握,誰都會有失去機遇的時候。但機遇為什麼會失去?失去了一次機遇,就要把握好下一次機遇。凡

事業有成者，都善於抓住機遇，並且 善於創造機遇。他們一旦找準了人生理想的座標，就大膽的去闖。闖會有風險，但與機遇同在；不闖最保險，但只能平庸一生。

我們不要埋怨沒有機遇，機遇就在你身邊。只要努力去抓，機遇才會與你同在；勇於去抓，機遇才會變成現實。

用一元敲開機遇大門的女孩

到一家公司應徵財務工作的一位剛畢業女大生，面試時就遭到了拒絕，因為她太年輕了，而公司需要的是有豐富工作經驗的資深會計人員。女大學生並沒有氣餒，一再堅持。她對主考官說：「請再給我一次機會，我要參加完筆試。」主考官拗不過那位女大生，只好答應了她的請求。結果，那位女大生順利通過了筆試，接著由人事經理親自複試。

人事經理對那位女大學生頗有好感，因為她的筆試成績非常優秀。但是，女孩說自己沒有工作經驗。找一個沒有工作經驗的人做財務會計並不是他們想要的，經理想了一會，決定收兵，說：「今天就到此為止，如果有消息我會打電話通知你。」女孩從座位上站起來向經理點點頭，然後從口袋裡掏出一元錢，雙手遞給經理說：「不管我是否被錄取，請都抽空給我回個電話。」經理怔了一下，問那女大學生：「你怎麼會知道我不給沒有錄用的人打電話？」

女大生說：「您剛才說有消息會通知我，那麼，您言下之意就是沒錄取的就不通知了。」

對這位年輕女孩，經理產生了濃厚的興趣，他問：「如果你沒被錄用，你想知道什麼呢？」「請告訴我，在什麼地方不能達到你們的要求，我在哪方面不夠好，我會好好改進。」

「那這一元錢？」

女孩微笑著說：「給沒有錄用的人打電話不屬於公司的正常開支，因此由我付電話費，請你一定打。」

經理同樣微笑著說：「請把你的一元錢收回，我不會打電話了，我現在就通知你，你被錄用了。」就這樣，女孩輕鬆的僅僅用一塊錢就叩開了自己的機遇大門。

通過女孩的故事，我們可以知道，強者在生活中面對機會總是會不失時機的展現自己，不屈不撓的去爭取，並且毫無懼色的推銷自己，最終也因此成就了自己。

第八章　持之以恆，成功尾隨而來

在許多人的心目中，幾乎都有過遠大的理想或抱負，但只有持之以恆，堅持到底，才能不斷地從一個臺階上升到另一個臺階，體驗到成長與成功的快樂。

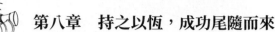

凡事不可操之過急

　　有一個孩子在草地上玩耍，當他玩累了想回家的時候，在路邊發現了一個蛹。他記得以前聽媽媽說蛹會變成蝴蝶的，於是他把蛹撿起來帶回家，要看看蛹是怎樣化為蝴蝶的。過了幾天，蛹殼上出現了一個小裂縫，裡面的蝴蝶掙扎了好幾個小時，身體似乎被卡住了，一直出不來。小男孩一直趴在那裡看，但最終失去了耐心，他拿起剪刀把蛹剪開幫助蝴蝶脫蛹而出。被「解救」出來的蝴蝶身軀臃腫，翅膀乾癟，根本飛不起來。小孩以為可能是剛剛才出來，或許幾小時之後，蝴蝶的翅膀會自動舒展開來，可是他的希望落空了，一切依舊，那隻蝴蝶註定要拖著臃腫的身子與乾癟的翅膀，爬行一生，永遠無法展翅飛翔。大自然的道理是非常奧妙的，每一生命的成長都充滿著神奇與莊嚴，瓜熟蒂落，水到渠成。蝴蝶一定得在蛹中經過痛苦的掙扎，一直到牠的羽翅強壯了，才會破蛹而出。小孩善意的一剪，反而害了牠的一生。

　　如此這樣，我們也可體會揠苗助長、欲速則不達的真諦了。燉、熬、磨練、挫折，這些都是成長必經的過程。急於成功，而又不得要領的人是不能順利成功的，別忘了日本名將德川家康的一句名言：「人生必須背負重擔，一步一步慢慢地走，總會有一天，你會發現自己是那走得最遠的人。」

　　在我們生活中時常能聽到這麼一句俗話：「一口不能吃成個胖子」這句話不僅適用於剛剛創業的生意人，也適用於急於在人際關係中站穩腳跟的年輕人。任何公司，任何生意，任何成功，都是從無到有，從小到大，一步步踏實走過來的。比爾蓋茲曾經退學在父親朋友的電腦公司幹活，積蓄了一筆資金後和幾個朋友先是共同投資創辦了一家小小的電腦公司，然而現在微軟公司已成為電腦行業當之無愧的龍頭老大。對於一般的商人來說，都是從小本生意做起，通過艱苦的創業，靈活的經營，才逐步把事業壯大起來。為人

處世也是如此，也有一個由小到大、苦心經營的過程。所以，所有的事情都應該一點一點的來，千萬不可操之過急！

明白付出與收穫的關係

我們常說「種瓜得瓜，種豆得豆」、「一分辛苦，一分收穫」。其實這都是在說同一個道理，或者叫它是定律，它是宇宙中一種相當偉大的定律，叫付出定律。它告訴我們：「只要你有付出，就一定有獲得。獲得不夠，表示付出不夠，想要得到的更多，你必須付出的更多。」

但是現實中，不了解付出定律的人很多，他們總是想得到什麼，但卻總是得不到，因為他們從來不想先付出什麼。

當你一直在不斷的付出，並且不計較任何回報的時候，你會發現，很多收穫是自然而然得來的。

只要你能先付出，並不斷付出，讓別人得到他想要的，別人就一定會還給你你想要的。如果你有本事能讓上天欠你債，那麼總有一天上天也會還你的。

付出與收穫永遠是成正比的，付出越多，收穫越多。

但有時你會發現，付出與收穫不成正比，也就是說你付出得多，但收穫得少。此時，你千萬不要怨聲不斷的停止付出，因為最後，可能有一天，你會付出得少，但收穫得多。時間會證明你的付出是沒有白費的，只是隨時間累積成反比而已，但它還是符合付出定律的，不幸的是 99% 的人都在這個時候停止付出了。

你必須知道別人要的是什麼，並且幫助別人得到他要的。

如果你是推銷員，必須先對你服務的顧客付出，他就會讓你收穫。你的工作不是在賺錢，而是在大量的為每一個顧客付出。

如果你是老闆，你要不斷的為你的下屬付出，幫助下屬得到他所想要的，最後你還是會得到你所想要的。

如果你是父母，就一定要對兒女先付出。

如果你是老師，就對學生先付出。

不論你以什麼樣的方式付出，你的工作就是為了付出而付出，而不是為了獲得而獲得。

成功是你願意拿什麼來換取什麼的問題，而不是你單方面的獲得。

你知道為什麼花園裡能開滿花嗎？因為花粉在不斷的傳播。你知道花粉為什麼能傳播嗎？因為蜜蜂在採花蜜，蜜蜂傳播了花粉，花因為付出花粉給蜜蜂，才有辦法獲得生命的延續。

大自然的法則告訴了我們這些道理。只要你不斷的付出，你會發現，你的生活也會越來越富有，越來越成功。

你付出的總是要比你獲得的還要多，例如，老闆付你 2500 元一個月，你如果只做 2,500 元的事情，你是沒有辦法成功的，你必須做超過 2500 元以上的事情，如果你做了值 5,000 元的事情，你一定會得到老闆的賞識，還很可能獲得加薪，這就是成功的祕訣。

顧客向你買 1,000 元的產品，你回報給他 1 萬元的服務，你就有機會賣得更多，但你還需要再次付出，如此重複下去，你便進入了更長久、更真實的良性重複。

現在你明白了付出與收獲的關係了嗎？那就是：不是因為獲得了才付出，而是因為付出了才獲得。

珍惜已得並做徹底

　　許多人聽說過「黑熊掰玉米」的故事：說是一隻黑熊到玉米地去採玉米，剛採下一個，看見前面還有一個，就扔掉了手裡的去採另一個。當另一個到手後，牠又看到前面還有一個，於是扔掉手中的又去採第三個。這樣採一個扔一個，從玉米地的這一頭一直採到另一頭，滿地的玉米都被牠採完了，扔得遍地都是。牠看再沒有玉米可採了，就拿著最後一個玉米回家了。牠忙了一整天，最後只收穫了一個玉米。

　　人們經常會用這個故事來勸戒自己和他人，做事要踏實，做一件珍惜一件，那怕是很小很小的事情，要做到底，做出成效，不能一件事沒做完就換另一件，和不斷的變換行業，將前面的努力付諸東流。

　　聽了這個故事後，很多人會覺得這隻黑熊太貪心、太傻。其實不是因為黑熊智力有問題，而是因為牠太浮躁，不知哪一個屬於自己。這正應了那句「十鳥在林，不如一鳥在手」的名言。

　　很多聰明的人為什麼到頭來都一事無成呢？原因恐怕就是他們嚮往的東西太多了，看到這世界上可以做的事情很多，他們什麼都想去嘗試，結果真正能抓到手的卻很少。所以使得他們博而不專，什麼都懂一點，可又什麼都懂得不多。

　　有人建議，如果想人生不虛度，一個人就要在一生能做好五件事，即讀透一本書、熟練掌握一項技能、擁有一個和睦相處的家庭、在內心深處保存住一份美好的情感、一生做一位好人。事實上，要是做好這五項中的一項，人生就很成功了。

　　很多時候，人生的機遇，也許就只有那麼一兩次。因此，一生做好一件事就足夠了，只要能夠將一件事做得全面、做得透徹、做得完美，那就很了

不起了。否則一個人就算是再聰明，但他想在這個領域發展，又想那個行業又想著出頭，那是不太可能的，畢竟，一個人的精神不可能都是無窮的，而給予每個人一輩子的時間也不會太多。精力再充沛，計畫再周密，如果想什麼事情都想兼顧，想在很多領域都做出成績，終究仍將事事半途而廢。

　　事實上，任何一個行業都是博大精深的，當你進入某個行業裡後，該行業也足夠你一輩子去鑽研和奮鬥了。對有些行業來說，你甚至一生只能選擇其中的某一小部分來鑽研，而無精力涉足其餘的。當然，若比爾蓋茲想去炒股，以他的雄厚實力，做個炒股專家，想翻雲覆雨，簡直易如反掌。但他是不會去的，於是他就認準了軟體這個行業。

　　李連杰在接受一家報紙採訪時，作了 —— 個非常富有想像的比喻。他說：「在一個最好的餃子店裡，你不可能買到最好的比薩、漢堡。在文化工業社會，專業化會帶來成功。我知道自己是以動作表演博得觀眾喜歡的演員，尤其是在好萊塢，我不會去嘗試其它類型的影片，因為沒有一個人能夠做到全能。」

　　許多人都希望具有廣博的經驗和知識，這沒有錯，但如果真是這樣，光有廣泛的知識，難免像蜻蜓點水一般了。若不是把一件事情做透，是很難成功的。因此，任何人想成就一份事業，都必須懂得珍惜自己流淌的每一滴汗水，累積自己的每一份努力，沿著汗水撒過的路一直走到底，就不會犯黑熊那樣的錯誤。

把握今朝無怨無悔地做事

有一句話常用來說那些得過且過的人：「今朝有酒今朝醉，明日愁來明日愁。」新時代的我們能夠這樣嗎？

身患重病的秦月躺在病床上說：「當我還是小孩時，我好想趕快長大，做一個大人，念國中時，我想考上高中，讀高中時，我想考上大學，大學畢業時，我好想找到一個好工作。後來，我好想交個女朋友、想結婚，想得要死！結婚後，又好想有個兒子，想得要死。有了小孩之後，又巴望小孩趕快長大，想得要死。上班二十多年以後，太累了，好想趕快退休，想得要死。現在，我真的快要死了，我卻發覺，我已經忘了什麼是真正的生活！」

還有一個叫齊國誠的男孩兒，從小隨父親做小生意，看盡了他人的臉色，所以想長大以後，賺大錢，走大運，讓別人羨慕。

他常研究面相和看手相的書，對照下來，發覺自己很符合那些大富大貴的面相和手相，他很高興，相信自己一定會發達。所以，上學時，他並不用功，但憑著聰明，還是考上了一所大學。

讀大學時，他有做家教的機會，但他不願意做，因為他看不起這一點點小錢。畢業後，找了許多工作都沒固定下來，因為他總是嫌這些工作收入低，上班時間又偏長。

交了女朋友後，他常寫情書給她，而她也常誇讚他的情書寫得很好，充滿感情、文詞雋永，可以多投稿，賺些稿費。可是他傲氣十足的說：「稿費？這種小錢賺得也未免太慢了吧，我以後是賺大錢、大富大貴的人呀！我才懶得幹這個呢。」

如今，他已經是四十多歲的人了，卻只擁有一個小小的房子和一點點存款，他知道自己這輩子很難大富大貴了！

事實上，我們每個人在自己不同的階段，都有著意義與任務，我們必須記得，「人生即奮鬥，奮鬥即人生。」

俗語說：「大富由天，小富由勤。」所以我們每天都要努力，都要無悔無憾的腳踏實地，真正生活，努力活出自己璀璨的生命。

有一個人寫過如下的幾句話：

「要珍惜當下，把握住現在啊！
少年輕狂時，總以為來日方長，
然而轉瞬間，卻已青春不再。
所以，把握今朝吧！」

如同那些經典電影一樣，我們每個人生命的這齣戲，是我們自編、自導、自演的大戲，我們必須小心的主演！因為，這齣戲，我們不可能 NG，不可能重新來過。因為生命不像彩排、試錄，絕不能一而再、再而三的不斷重來。

有時人的生活很平順，從兒時，到讀書，到交友，到結婚，到工作，到退休都是一帆風順，但這樣的生命不夠豐富多彩，因為他沒有積極奮鬥的歷程，沒有發揮出我們最大的潛力，沒有給我們許多嘗試，沒讓我們迎接更多的挑戰。

浪花，是因為不斷的衝擊岩石，才會更見其美麗。人生，如果像波瀾不驚的湖水一樣，將永遠不會有壯觀的色彩。所以，我們不要害怕挫折與磨難，因為在困難的背後，一定會有通往成功的階梯。

就拿我們熟知的競走比賽來說，它只能走，但是不能跑，所以速度快如閃電的選手並不適合參加比賽，只有腳步不斷前進、永不停歇的人，才能得到桂冠！所以有句話說：

「在人類競走決賽時，勝利不屬於健步如飛的運動家，而是屬於腳步永不
　停歇的人！」

因此，當你停止嘗試時，就是失敗的時候。

生活中，經常有許多不盡如意的事，但也不能永遠挫敗。只要肯甘心的吃苦耐勞，有朝一日，你一定能夠嚐到享受的果實。然而，多少人甘於平淡無奇的過著日子，按部就班的上著班，有了老婆孩子就幸福滿足著，但真若到了暮年，回首一生，你是不是會為自己不夠努力而慨嘆、懊悔呢？

真正成功的人，並非是他們的運氣使然，而是他們每天都在自我挑戰，不斷的邁開腳步向前進。在人生的道路上，我們可以坐下來休息一會兒，但千萬別忘了提醒自己：「我不能休息太久，我要趕快加緊腳步，向前邁進！」

〈龜兔賽跑〉的故事我們都很熟知，我們也知道自己要做那永不停歇的烏龜，而不是那因睡大覺便落後於別人的兔子。

你真的能做到嗎？

從何上舟的創業史明白道理

1930 年代末，何上舟以優異的成績進入香港大學，主攻理科。1941 年太平洋戰爭爆發，新港督規定香港大學生都有參軍義務。1941 年 12 月 8 日，日軍大舉進攻香港。何上舟被分配到防空警報室做電話接線生。警報室設在他叔公何甘棠花園洋房的地下室裡。自從戰爭爆發以來，物價一天比一天高，母親做工的積蓄已經應付不了昂貴的米價。愁得母親整天哀聲嘆氣，不知道以後的日子該怎麼過。何上舟與母親商量後，拿著 10 元港幣，在一天晚上，搭一艘小船前往澳門，加入由葡、日、中三方合辦的聯昌公司 - 也是澳門的最大公司之一，主要業務是借戰爭之機利用機船運送糧食貨物供應市民而獲取利潤。來澳沒幾天，何上舟便遇到來澳避難、極富盛名的何東爵士。而他在香港時，卻很少有見他的機會，而在何上舟看來，何東一直是高高在上的大人物。現在都是避難，因此倆人見面格外親切。何東鼓勵何上舟：「年

輕人出來做事，要想成功，就記住兩條：一、是要勤奮、肯幹，二、是錢到手裡要抓緊，不要亂花。」

何上舟銘記著何東的教誨和鼓勵，並發誓要在澳門做出一番事業。他在聯昌公司任祕書期間，負責糧、油、棉、紗生意。原本的中、英兩種語言已經應付不了，他就拼命學習日、澳兩種語言。憑著努力，他在聯昌公司只做了一年職員就因為成績突出，才華出眾被公司收為合夥人。期間他工作的主要職責是押船，就是把貨物運到海上，與交易夥伴在海上交易。他憑藉著自己良好的作風與機敏的反應力，深受老闆賞識。有一次押船，不是平常的以貨易貨，而是以錢易貨。老闆當時讓他拿著 30 萬港元現金去對方船隻。那天，天上沒有月亮，海面一片漆黑。到凌晨 4 點，才聽到由遠而近的馬達聲。為慎重起見，他吩咐胖水手過去驗船。胖水手回答說：「對方吃水這麼深，不會有問題。」話才剛落，機關槍就掃射過來，胖水手當場身亡。就在這時，從漆黑的海面上跳過來數個海盜，收走了船上的槍枝。面帶凶相的幾個海盜用槍頂著船員，叫道：「把衣服統統脫掉！」當何上舟脫掉衣服時，30 萬鉅款暴露了出來。海盜們從未見過這麼多錢，個個眼紅。海盜老大命令一個海盜守住他，其他的把錢抱回海盜船。船上的水手一絲不掛，被海風吹得瑟瑟發抖。海盜在那邊吵著分錢，看守何上舟的海盜也跳上海盜船去搶錢。此時，海浪已把兩艘船分開。海盜船上的機關槍一陣掃射後，何上舟吩咐水手開船逃跑。不久就跑出了海盜的射擊圈。

與往常不同，這次出海多用了好幾天。聯昌公司的老闆見船未準時回港，知道事情不妙，就一直在碼頭等候。正當眾人準備離開的時候，船終於回港了，只有何上舟與舵手穿著雨衣，其它水手皆赤身躲在艙裡不敢出來。公司的日方主管齊藤等抱著何上舟熱淚盈眶。

何上舟冒死入海，成為聯昌公司賺錢的頭號功臣。這一年，聯昌公司為

何分紅，股金達 100 萬港元。此時，何上舟才 22 歲。為了開創自己的事業，何上舟意欲離開公司改換另一種工作。就在這個時候，梁基浩邀請他去做澳府貿易局供應部主管，何上舟欣然前往。

由於長期戰亂，農田荒蕪，糧食匱乏，澳門經常鬧米荒，於是，何上舟就召集一批人前往廣州購米。廣州黑市裡出售的米也非常昂貴，但是他憑著出色的外交才能，得到了市政府囤積的官糧。數天之後，何上舟率領 4 艘滿載大米的船隊到達澳門，船抵碼頭，上千澳民站在岸邊拍手歡呼。此時何上舟激動的不是那一張張花花綠綠的鈔票，而是他已經成為了澳門人民的英雄！

戰後，時局平穩，很多香港人乘船來澳門賭錢。何上舟不失時機創辦了一間船務公司，購置了一艘載客可達 3,000 人的客輪，這是當時港澳航線上最大、最先進的客輪。此後不久，他又將經營範圍擴大至當時的各行各業。次年 3 月 30 日，他正式與澳門政府簽訂承辦博弈彩票行業的新合約。簽約二個月後，四人合組的澳門旅遊娛樂有限公司正式掛牌成立。當時的霍英東任董事長，葉漢、葉德利任常務董事，何上舟則作為股東代表人和持牌人擔任總經理，主管公司事務，就這樣何上舟成了澳門賭博行業名正言順的掌門人。此後，澳門的賭場生意一天好過一天。1970 年，娛樂公司擴大賭場，何上舟斥資 6,000 萬澳元修建葡京酒店。至此，白手起家的何上舟終於成為澳門叱吒風雲的人物。

通過何上舟的創業發展史，我們看到在他身上始終流淌著不屈不撓、堅持向上的陽剛之氣，這股陽剛之氣，指引著他一生的發展走向。透過他的人生歷程，我們可以看到成功的真義：「只有奮發圖強，自強不息，才是走向成功的唯一途徑」。對一個人而言，只有胸懷大志，才能成就一番宏偉事業。也許一開始所有人都是平凡的，但是只要拼搏進取、自強不息，最終弱小也會變得強大。

同時，我們做任何事之前都應該審時度勢。它包括兩方面的內容，一方面是客觀現實，另一方面是客觀規律。如果客觀條件不允許，就得先創造條件，而順應並利用客觀規律至為關鍵，否則，只靠盲目的努力，恐怕未必如願。

腳踏實地不奢望有金手指

這是一個古老的故事：

古時候，有一個國王，擁有無數的土地和滿屋的金銀財寶，可是他仍然悶悶不樂，因為他總覺得這些還不夠、不滿足。

一天，有個金仙子出現，問國王：「國王陛下，您覺得到底要怎麼樣，才會快樂呢？」

國王想了想，說：「我想要一隻「金手指」，只要我的金手指隨便一碰，什麼東西都可以變成金子，那我就會很快樂。」

「真的嗎？您真的想要一個金手指嗎？您要不要再考慮一下？」金仙子問道。

「不用考慮了，這是我一生中最大的夢想，只要有金手指，我的夢想就能實現，我就會很快樂！」國王說。

於是，金仙子就把國王的右手，變成一隻金手指，國王只要隨意一指，桌子、椅子、盤子、牆壁……凡是他碰觸過的東西，都變成金制的物品。

興奮的國王跑到花園，聞到陣陣的花香，就順手摘朵花來聞。然而，他的手一碰到花朵，花朵立刻變成金花，香味也消失了。國王又來到餐廳，看到了一桌的滿漢全席，他饞涎欲滴，很想飽餐一頓。但是，當他拿起雞腿時，雞腿瞬間變成了金雞腿。

正當國王垂頭喪氣、萬分懊惱時，他最疼愛的小女兒跑了進來，國王很高興的抱起了她，可是，剎那間，小女兒也變成了金女孩。

「混帳！這是什麼金手指，居然把我女兒都變成金人！」國王大聲怒吼，「來人啦，去把那金仙子給我抓回來！」

可是，國王再也找不到金仙子了。而他，又饑又渴，又失去心愛的小女兒。國王非常痛苦，金手指、點金術變成他揮之不去的夢魘。

時至今天，凡是一直在父母的保護傘下成長、「心想事成」的小孩，他要什麼，就有什麼，正如「金手指」一樣，一直享受「心想事成」的果實。可是，這樣的一帆風順真的是好事嗎？萬一有一天，長輩的保護傘不再能夠遮風避雨，生活需要孩子自己去創造，他的一生還會那麼事事如意，事事都能夠「心想事成」嗎？

如果我們都像那個國王一樣，點石能成金、心想能事成，人生還有什麼樂趣可言？假如大家都是億萬富翁、每個人都可以投空心球、阿貓阿狗也都可以擊出「全壘打」……恐怕球場早就關門了，因為已經沒有了看頭。

希臘哲人柏拉圖曾說過一句話：「對一個小孩最殘酷的待遇，就是讓他心想事成。」

曾有一碩士生說過，他未來找另一半的條件是：「美貌、漂亮是一定要的，而且，最好也是碩士畢業，有一棟別墅，一輛名車，還有一百萬現金作為嫁妝，這樣，我就可以減少奮鬥二十年了！」

有人多麼盼望能減少奮鬥二十年，也希望生活中有「金手指」，以便能「心想事成」。可是，這二十年你要幹什麼？天天吃喝玩樂？你的鬥志是否會蕩然無存？要知道，生命不只是衣來伸手，飯來張口。人生是一連串奮鬥的過程，是一個充滿昂揚鬥志的人生，這樣我們的生活才有意義。

日本著名女作家橋田壽賀子於 1980 年代時，創作的一部長達 4 卷的小說《阿信》，完整展現了阿信從七歲到八十多歲坎坷而又輝煌的傳奇經歷。

女主角阿信從最底層做起，歷盡千辛萬苦，終於獲得了成功，成為一位

成功的企業家。她以堅韌面對挫折，用汗水換取成果。從阿信的身上，人們看到了善良、真誠、永不放棄的人性之光。

同樣有個女孩，出生後即被父母送給別人撫養。十五歲時，好賭成性的養父，決定把她賣掉抵債。女孩偷偷離開養父母，隻身到了臺灣，因為她覺得自己的命運，一定要掌握在自己的手裡。

女孩到臺灣後，打零工、織毛衣、擺水果攤、賣魚、開小吃店……拼命賺錢，五十多歲時，她成為一家銷售公司年薪千萬的超級業務員。

婦人常對別人說：「我的挫折感早在年輕時都用光了！」

這句話真是令人極為震撼！是的，她沒有什麼學歷、她曾一無所有，還差點被賣掉，但她不敢奢望有「金手指」，她只是腳踏實地、積極樂觀的工作，也不畏懼跌倒、不害怕失敗，因為，她對挫折已經完全「免疫」了。

人生就是一場奮鬥，就是一場面對種種困難的無休止挑戰，也是多事多難的漫長戰役，這場戰役註定了不會有什麼心想事成。而只有在這場戰役中踏實下來，不奢望太多，慢慢的去創造、去開拓，才可能贏得屬於自己的未來，不至於無所作為。

從小男孩的故事學會執著

一個商人在農場裡不慎將一塊名貴的金錶弄丟了，他到處尋找，結果沒有找到。於是，商人在農場門口貼了一張告示：凡是找到金錶的，獎賞100美元。

面對重賞的誘惑，人們竭盡全力四處查找。太陽下山了，金錶還是渺無蹤跡。於是，大家開始抱怨金錶太小、穀倉太大、稻草太厚，一個個放棄了100美元的誘惑。

只有一個衣衫襤褸的小男孩仍然毫不氣餒，繼續在穀堆裡尋找。他已經整整一天沒有吃飯了，但是，為了解決家境的困難，他希望能找到金錶，可

以讓父母和兄弟姐妹吃上一頓飽飯。

　　男孩也累了，夜已深了，他躺在稻草堆裡歇息一會。突然，他聽見一個奇特的聲音，滴答滴答的響。他頓時屏住了呼吸，認真傾聽。穀倉更加安靜，滴答聲響更加清晰。男孩循著聲音終於找到了埋藏在穀堆深處的金錶，結果得到了 100 美元。

　　通過小男孩的故事，我們明白一個道理：「成功的機會就在執著的過程中。沿著一個方向，認準一個目標、排除各種雜念、拒絕各種誘惑，信心十足的走下去，最終一定有所收穫。」

強化自己的能耐

　　我們每個人都不同，能力也有大小，辦事效率也有高低，但很多人卻擁有著同一個毛病：「缺乏能耐」。做事情時常常力不從心，那怎樣才能克服這個問題呢？這就必須強化自己的能耐，把所有的時間和精力都投入到自己的事情上去，這樣的話，你便會發現自己突然強大了起來，甚至做成了一直想做的事。這便是「多努力一下」之道。

　　沃倫・哈特葛倫在年輕時曾是一名挖沙工人，長年累積的異常辛苦勞作使他萌發了必須要成就自己的人生事業欲望，即成為研究南非樹蛙的專家。從他所受的教育來看，本來他不具備這方面的才能，但他從 1969 年開始，花費了大量時間和精力從事這項研究。他每天收集 150 個標本，共撰寫約 300 萬字的筆記，終於找到了南非樹蛙的生活規律，並從牠們身上提取了世界上極為罕見的一種能預防皮膚傷病的藥物，一舉成名，獲得了哈佛大學的博士學位，成為美國《時代週刊》的封面人物。他曾問一位年輕人是否了解南非樹蛙，年輕人搖頭說：「不知道。」沃倫・哈特葛倫誠懇的說：「如果你想知道，你只要每天花五分鐘的時間閱讀相關資料，這樣，5 年內你就會成

為對這方面最了解的人，會成為這一領域中最具權威的人。」年輕人當時未置可否，但他卻覺得這番話道出了許多人生哲理。於是他開始像博士一樣把時間和精力投入到自己的專項研究上，終於成為了第二個哈特葛倫，他就是伍迪·艾倫。

伍迪·艾倫說過：「生活中 90% 的時間只是在混日子，大多數人的生活只是為吃飯而吃飯、為搭公車而搭公車、為工作而工作。他們從一個地方走到另一個地方，事情做完一件又一件，彷彿是做了很多事，卻很少有時間去做自己真正想做的事。就這樣，一直到老死。很多人臨到退休時，才發現自己虛度了大半生，而剩下的生命只能在病痛中一點一點的流逝。這樣是絕對不能成就自己的事業的。如果把時間和精力投入到自己的事業上，你就能非同尋常。」這席話告訴我們一個道理，比別人多努力一些，你就擁有更多的成功機會。兩個同齡的年輕人同時受雇於一家店，並且拿同樣的薪水。可是叫約翰的這位年輕人蒸蒸日上，而叫韋德的年輕人卻仍在原地踏步，韋德很不滿意老闆的不公正待遇，於是到老闆那發牢騷。老闆一邊耐心的聽著他的抱怨，一邊在心裡盤算著怎樣讓他明白他與約翰的差距。「韋德先生」老闆開口說話了，「您今早到集市上去一下，看看今天早上集市上都在賣什麼。」韋德從集市上回來對老闆說：「今早集市上只有一位農民拉了一車馬鈴薯在賣。」「有多少？」老闆問。韋德又趕快跑到集上，然後回來告訴老闆一共有 40 袋。

「那麼價格又是多少？」

韋德再一次跑到集上問來了價錢。「好吧」老闆對他說，「現在請您坐在這裡，一句話也不要說，看看約翰怎麼做的。」約翰很快就從集市上回來了，並向老闆彙報，現在為止集市上只有一位農民在賣馬鈴薯一共 40 袋。並說了價格是多少、馬鈴薯品質不錯，還帶回來一顆讓老闆看看。他還帶了一顆番茄，他認為價格合適。昨天他們店裡的番茄賣的特別好，庫存已經不

多了。他想這麼便宜的番茄老闆一定會想進一些的，所以他不僅帶回了一顆番茄做樣品，而且把那位農民也帶來了，那位農民現在就正在外面等著回話呢。此時老闆把頭轉向了韋德，說：「現在您應該知道為什麼約翰的薪水比您高了吧？」

韋德跑了三趟，在老闆的不斷提示下，才了解菜市場部分情況；而約翰僅一趟，就掌握了老闆的需要以及可能需要的資訊。現實生活中有很多人像韋德那樣，上司吩咐什麼，就幹什麼，從來就不動自己的腦子，結果長期不被重用，還抱怨命運的不公平。而像約翰那樣辦事高效、靈活的人，自然會得到上司的賞識和青睞。成大事者與未成大事者之間，其實不像大多數人想像的那樣遙不可及，成大事者與不成大事者的差別只在於一些小小的努力上而已。

霍華‧舒茲的奮鬥史

星巴克帝國的創始人霍華‧舒茲（Howard Schultz）是一位用自己的人生經歷定義領導目標的領導者，作為咖啡連鎖店龍頭，他的公司在美國各地有 1,500 多家分店，雇用近 3 萬名職工。

他曾談起自己白手起家的奮鬥史。他小時候住在紐約布魯克林區低廉的住宅區。有一天夜裡他躺在床上思量：「要是有個水晶球能窺見未來，自己會怎麼樣呢？」不過他立刻拋開了這個念頭。他明白自己的人生仍然漫無目標，他只知道必須設法離開這裡，離開布魯克林。後來他有幸上了大學，卻不知道下一步該怎麼走，也沒有人為他指點迷津。他的父母都是勞工階層，每天都必須為生活操勞而無暇顧及他。他發現自己善於推銷，便進了一家由瑞典人開辦的家庭用品公司工作。在這裡，他表現極為出色，28 歲就晉升為副總裁，薪水優厚。他買了一套住宅，又娶了個如花似玉的妻子，生活得非常舒適愉快。

一般人有了如此成就，也許會志得意滿，安於做個上層精英，但他還想更上一層樓，決意要主宰自己的命運。1980 初期，一個奇特的現象引起了他的注意。西雅圖有家從事零售業的小公司向他們大量訂購滴濾式咖啡壺。這家公司名叫「明星咖啡連鎖公司」，雖然只有四家小店，但向他們買這種產品的數量卻超過百貨業巨擘梅西公司。當時美國各地普遍使用電氣咖啡壺，他不知為什麼這種滴濾式咖啡壺在西雅圖那麼受歡迎。為了查明原委，他決定前往西雅圖一探究竟。

　　來到明星咖啡連鎖公司的總店，一派樸實無華的景象，但卻別具風格。他剛剛走進店裡，一股濃郁醉人的咖啡香氣便撲鼻而來。他看到，在木櫃檯後面有一排箱子，分別裝著從世界各地進口的咖啡。靠牆的貨架上擺滿了各種咖啡用具，其中就有他很想看到的滴濾式咖啡壺。櫃檯服務員用勺子舀出少許由蘇門答臘咖啡豆磨成的咖啡粉，倒入滴濾式咖啡壺的濾網，澆下熱水，沖了一杯咖啡供他品嘗。服務員把杯子遞過來，咖啡的香氣籠罩了霍華‧舒茲（Howard Schultz）的臉。他淺嘗了一口。「哇！」他心裡讚嘆，不由得兩眼圓睜。這是他有生以來所喝過的最濃烈的咖啡，以前喝的咖啡相比之下就像洗碗水一樣，味道難以描述。當晚他跟明星咖啡連鎖公司的股東杰里‧巴登一起吃飯。他以前從未見過有誰像杰里‧巴登那樣，像他談咖啡那樣談論自己的產品。巴登不只是努力推銷，他和合夥人戈登‧柏格都相信，他們所賣的都是顧客會喜愛的東西。這樣的經商態度令他耳目一新，也為之折服。他想說服巴登雇用他，老實說，此舉似乎並不明智。他如果去明星咖啡連鎖公司上班，就必須辭去現在的職位。而他妻子也必須放棄現在的工作。他的親友，尤其是母親，都會認為他的想法沒有道理。他不禁想起七歲那年，父親工作時摔斷踝骨，在家裡呆了一個多月的往事。父親的職業是開卡車運送尿布，不上班就沒有薪水，他們一家人的生活頓時陷入困境。父

親一條腿裹著石膏頹然坐在長沙發上的情景，至今仍深深印在霍華·舒茲的記憶中。但是，對他來說，明星咖啡連鎖公司有不可言喻的吸引力。其後他在一年之內又找藉口去了西雅圖幾趟。

1982 年春天，巴登和柏格邀他去拜訪公司董事長史蒂夫坦南·南瓦爾德。那時氣氛很好。他告訴他們，他曾經用明星咖啡連鎖公司的咖啡招待紐約的朋友，嚐過的人都讚不絕口。他又指出，這間公司其實可以大展宏圖，有望發展成為全國最大的企業。三位股東似乎很欣賞他的見解。第二天他回到紐約，急切等候巴登的電話。但是他們決定不雇用他。巴登說：「你的計畫很好，只可惜不符合我們經營明星咖啡連鎖公司的方針。」霍華·舒茲（Howard Schultz）對明星咖啡連鎖公司的前途仍深具信心，不想就此甘休。第二天他又打電話過去。他說，「巴登，這不是為我自己想，而是為你們公司⋯⋯」巴登傾聽著，然後沉默了一陣。「讓我再想一晚，我明天給你回電。」次日早晨，電話鈴一響，霍華·舒茲（Howard Schultz）就拿起了電話。「我們決定雇用你，什麼時候來上班？」

霍華·舒茲（Howard Schultz）終於如願以償。許多人一遇到障礙就打退堂鼓，但是他不會這樣，他一旦有了目標，就一定會鍥而不捨，全力以赴。他如此堅毅，一方面是憑著滿腔熱忱，另一方面是不畏懼失敗。他常常想起父親坎坷的一生。父親一生誠懇敬業，愛護妻子和兒女，卻一直不能掌握自己的人生方向，抱憾終生。他不想和父親一樣。

進入明星咖啡連鎖公司一年之後，由於另一件事，霍華·舒茲（Howard Schultz）的人生有了很大轉變。那次，他去義大利米蘭參觀國際家庭用品展覽。到了的第一天早晨，他便注意到了會場裡有個小小的蒸餾咖啡吧，吧台後面有個又高又瘦的男人在微笑著招呼著顧客。「蒸餾咖啡？」那男人問，然後遞給一杯給霍華·舒茲（Howard Schultz）。他只喝了三口就喝沒了，但咖啡的香濃至今餘味猶存，令他難忘。

第八章　持之以恆，成功尾隨而來

那天他領教了義大利咖啡吧特有的浪漫和營業風格，於是他開始認真思考：「我們自己也可以開設咖啡吧，論杯賣咖啡啊，這樣可以讓人們不必自己研磨沖泡，也能喝到我們的咖啡。」回到西雅圖後，他向老闆提出此計畫，老闆卻不以為然，他強調明星咖啡連鎖公司是零售企業，不是餐廳或酒吧。他還指出公司現在已經很賺錢了，沒必要再冒風險另闢蹊徑。他對公司當然忠心，可是他對咖啡吧計畫也充滿信心，認為值得一試，因此左右為難。之後，他決定實施自己的計畫。在妻子的全力支持下，1985 年冬天，他離開了明星咖啡連鎖公司，自行創辦了伊爾‧喬爾納萊公司。不到半年，他們在西雅圖開的小店每天都有 1,000 多位顧客光臨。第一家開張 6 個月後，他們開了第二家，然後在溫哥華開了第三家。

1987 年 3 月，巴登和柏格決定出售咖啡連鎖公司。他聽到消息後，非常高興，他知道自己的機會來了，他一定要購買這家公司。伊爾‧喬爾納萊公司的股東都表示贊成。幾個月後，他擁有了明星咖啡連鎖公司。他有了實現雄心壯志的機會，同時也肩負起了將近百人的希望與憂慮，所以他感到心裡既興奮又不安。

然而，就在這時候，他父親病入膏肓。1988 年 1 月，他回家去見他最後一面。那是他生平最悲傷的一天。父親沒有積蓄、沒有養老金，更糟的是，父親不曾從工作中體會過尊嚴和成就感。為了不和父親一樣活著，霍華‧舒茲（Howard Schultz）奮鬥著，努力著，他不輕言放棄，終於成就了自己的事業 —— 星巴克帝國。

不易的事一步步去做會實現

　　如果你說：「我忙啊，我連看場電影的時間都沒有。」那麼，這個就不能算做煩惱，只能算是馬上可以實現的願望，因為，想看電影，這個願望是很容易實現的，稍微努力一下就可以了。但當你去了幾次電影院，就會想看更多的電影。因為，看了預告片之後，你就會這個也想看，那個也想看。原因是你得到了更多有關電影的資訊。

　　只要得到了資訊，人就會開始行動。但是，也有的人資訊越多，越無法行動。資訊把人分成了不行動的人和行動的人兩類。對於前者來說，他得到的有關電影的資訊越多，他就越容易陷入一種似曾相識的錯覺，說：「我大概明白了，是這樣的電影啊！」如果某個評論家說：「這個電影不好看」，那麼他也會說：「好像確實不好看。」

　　而行動型的人在看了預告片得到了資訊後，就會想：「啊，好像很好看呀！」，之後，他們會利用網路進行檢索。由於網路上的相關資訊非常豐富，因此，檢索資訊的人們對電影的興趣就會越來越濃，想看這部電影的願望也就會越來越強烈。在他們看完電影，回到家裡後，他們也許還會再去瀏覽網路上的相關評論資訊，或是查找有關書籍加以閱讀，或是認真的看看宣傳海報，並且得出結論：「在看電影的時候，我沒注意到這裡，所以還需要再看一遍。」這就是不斷前進的腳步。

　　很多時候，人們想要的東西，並不一定是價格昂貴的東西。有時一點小東西就足以讓人感到高興、愉快。就這樣，煩惱就解決了。所以，煩惱並非一定和金錢聯繫在一起。無論是馬上可以做的事，還是相當困難的事，給人的滿足感都是平等的。只要你做出了「這個能夠實現」的判斷，煩惱很快就實現了。在所有這些問題中，最難的還是「想成就的事」。

比如，想成為球隊教練、想成為名人、想成為暢銷書的作家、想成為年收百萬的高級白領等這樣的煩惱。特別是，當你這個煩惱是理想中難以實現的想法時，你便會體會到真正的難以消除煩惱了。但是，實現它就是完全不可能的事嗎？答案當然是否定的。即使你不能立刻做出肯定的判斷，但也不應該輕言放棄。想成為球隊教練，買下球隊、讓自己成為老闆兼教練，這樣的事就不是完全不可能的。

　　積極充實自己，磨礪自己，不怕辛苦，終有一天你會寫出一本好書，成為暢銷書作家。曹雪芹一寫紅樓數十年，陳忠實一寫《白鹿原》二十七載，哪一個不是先寂寞後成名的！至於年收入百萬，在大都市裡，這類收入的人更是何止千萬？

　　實際上，那些你認為不易實現或實現起來相當困難的願望，只要你一步一步地努力去做，就一定能夠實現。只要你一步一步地前進，你有一定的耐心，你就一定會接近目標，接近成功。

不易的事一步步去做會實現

心機有多重，成就就有多高：

做人不設防，小心被暗箭所傷；再善良也要學會心機，否則早晚吃虧上當

作　　著：歸海逸舟，俞姿婷

發 行 人：黃振庭

出 版 者：崧燁文化事業有限公司

發 行 者：崧燁文化事業有限公司

E-mail：sonbookservice@gmail.com

粉 絲 頁：https://www.facebook.com/
　　　　　sonbookss/

網　　址：https://sonbook.net/

地　　址：台北市中正區重慶南路一段六十一號八
　　　　　樓 815 室

Rm. 815, 8F., No.61, Sec. 1, Chongqing S. Rd.,
Zhongzheng Dist., Taipei City 100, Taiwan

電　　話：(02)2370-3310

傳　　真：(02) 2388-1990

印　　刷：京峯彩色印刷有限公司（京峰數位）

律師顧問：廣華律師事務所 張珮琦律師

國家圖書館出版品預行編目資料

心機有多重，成就就有多高：做人
不設防，小心被暗箭所傷；再善良
也要學會心機，否則早晚吃虧上當
/ 歸海逸舟，俞姿婷著 . -- 第一版 .
-- 臺北市：崧燁文化事業有限公司，
2022.07
　面；　公分
POD 版
ISBN 978-626-332-547-0(平裝)
1.CST: 人際關係 2.CST: 應用心理
學
177.3　　111010490

定　　價：320 元

發行日期：2022 年 07 月第一版

◎本書以 POD 印製

電子書購買

臉書